なぜ、社長のベンツは4ドアなのか?

元銀行員の
会計コンサルタント
小堺 桂悦郎

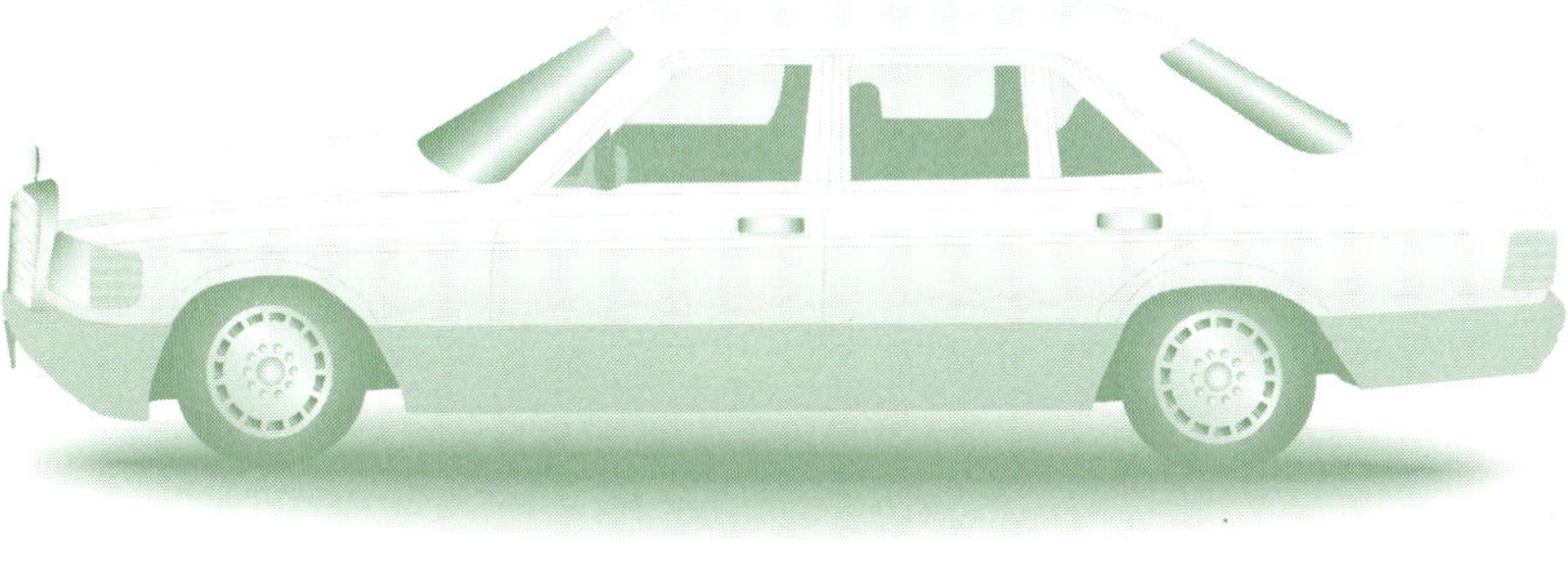

現場で使えてこそ「会計の入門書」

会計は難しい！当たり前です。

専門用語はたくさん出てくるし、会計士の試験だって難しい。簿記とかも出てくるし、はっきりいってよくわかりません。

それに、数字がたくさん出てくるので「数字嫌い」の人であれば、会計とはかかわらずに生きていきたいかもしれません。

でも、会計がわかれば、ビジネスの面で他の人よりも有利になることは間違いありません。

そこで、本書は「現場の話」から入って**「専門用語も少なく」「数字も少なく」「今すぐ役立つ」**会計の入門書を目指して書きました。

本書を読めば、**「セールス」「会議」「面接」「就職・転職」「交渉」「部下や上司との**

「コミュニケーション」「経営」「給料」「借金」「資金繰り」……などで有利になることは間違いありません！

なぜでしょうか？

「現場の会計」がわかると、説得力のある話ができるようになる！

それは、ビジネスのあらゆる場面において、「会計の話を少し入れて話したり」「会計の観点から企画を出したり」したら、圧倒的な説得力が手に入るからです。

あなたがサラリーマンや学生やフリーターであれば、

- 「営業」ならセールストークに使え、セールスのタイミングもわかります！
- 「面接」や「会議」でも好印象を与えることができます！
- 「部下」や「上司」と話すときにも、好印象を与えることができます！
- 「給料」の交渉でも有利になります！

・「ニュース」や「新聞」が面白くなり、知識が増えていきます！
・「世の中のカラクリ」がわかるようになるのでチャンスがつかめます！

また、あなたが会社の経営者や個人事業者であれば、

・「銀行対策」や「銀行の考えていること」がわかります！
・「資金繰り」のテクニックがわかります！
・「節税」の方法がわかります！
・「株」「不動産」などの投資の方法がわかります！
・「賢いベンツの買い方」がわかります！
・「決算書」がわかります！

「儲かっている会社＝金持ち」ではない不思議

以上のように、本書を読めば「仕事をするうえでの考え方」が変わるはずです。本

書で取り上げるエピソードは、次の通り。


「なぜ、社長のベンツは、中古の四ドアなのか？」

「なぜ、年商の四倍の借金のある旅館が潰れないのか？」

「なぜ、イケイケの会社が倒産してしまうのか？」

「なぜ、借金社長は税金を払いたがるのか？」

「なぜ、ラブホテル経営者は税金を払わないのか？」

「なぜ、社長は生命保険が好きなのか？」

「なぜ、社長は失敗しても投資し続けるのか？」


どのエピソードにも共通しているのは、普通で考えれば首をかしげたくなるような、「なぜ、そうなるの？」

という疑問がある点。そして、その答えが「会計のカラクリ」なんです！


「難しい」と感じたら読み飛ばしても大丈夫！

残念ながら、本書も会計の入門書です。
ですから、会計用語も数字も出てきます。
でも、安心してください。
細かい数字や細かい用語は入れないようにしました。
「会計のカラクリ」を知るのに、細かい数字や細かい用語は必要ないからです。
会計の専門家でも目指さない限り、本書の知識だけで十分です。
もちろん、「難しいなあ」と感じたら、読み飛ばしても大丈夫です！
ぜひ、**娯楽小説**でも読むつもりで、楽しみながら読んでください！
まずは、ベンツの話から。

小堺　桂悦郎

もくじ

プロローグ――1

第1章 なぜ、社長のベンツは、中古の四ドアなのか？
～「経費」の話～

みんなでベンツを買おう！――14
ベンツは会社の金で買える！しかし…――16
落ちる？落ちない？――18
「経費」とは？――19
「落とす」かはオレが決める！――20
でも、少しずつ落とす！――22
「減価償却」とは？――23
耐用年数って知ってます？――26
「耐用年数」とは？――27
耐用年数をうまく利用する！――28

買い方のつじつま――30
車は借りて買え！――33
ローンを使え！――34
実は、もっとカンタンな買い方がありました！――36
「リース」とは？――37
景気いいっすねー――38
中古ベンツが売れてる理由――40

第2章 なぜ、年商の四倍の借金のある旅館が潰れないのか？ ～「資金繰り」と「決算書」の話～

「なんでなんで」で、輸血が必要になった！――46
銀行と借金経営の関係――49
「輸血で足りなきゃ、献血で」が中小企業の実態――50
借金経営が成り立つ条件――52
八億も一〇億も同じ！――55
「会計の赤字」と「資金繰りの赤字」は違う！――56
「手形」と「ジャンプ」――57

「売り掛け金」とは？——59
これって、変動費？——61
銀行だって待つしかない！——63
「営業利益」と「経常利益」——66
「本当の赤字」と「決算書の赤字」は違う！——67
「債務超過」とは？——69
社長の給料——71
「赤字で何が悪い！」と社長が考える！——74
「クリケツ」とは？——75
いったい中小企業の決算書って何なの？——76
私の仕事——78
経費もいい加減——80

第3章 なぜ、イケイケの会社が倒産してしまうのか？
～「資金繰り」と「決算書」の話　その二～

イケイケ会社登場！——84

金は銀行から引っ張るもの！――85
「決算書」とは？――87
なぜ、今…――89
イケイケ社長、銀行へ！――91
会計は「発生主義」だから…――93
「発生主義」とは？――94
中小企業の決算書の読み方――96
「貸借対照表」とは？――97
「設備投資」のお金はどこからくるのか？――100
設備投資は借金で――101

第4章 なぜ、借金社長は税金を払いたがるのか？ ～「粉飾決算」の話～

これは粉飾か？――108
利益を大きくする粉飾は怒られない？――109
じゃあ、何をやってもいいのか？――111

なにがなんでも黒字にしたい借金経営――112
粉飾したら抜けられない！――115
いまさら言われても銀行も困る――117
借金するために借金して税金を払うって…――118
粉飾決算の仕組み――121

第5章 なぜ、ラブホテル経営者は税金を払わないのか？ ～「税金」と「税務署」の話～

税務署を気にする経営者――126
消耗品と資産――128
その金はどこから？――131
抜くのはいいんです！――134
バックマージンよこせ…――137
営業車がセルシオ――140
そういえば…――141
「脱税」と「ペナルティー」――143

第6章 なぜ、社長は生命保険が好きなのか？
～「経費」の話　その二～
ついに出た！生命保険！――148
保険の種類――151
やっぱり定期保険がおいしい！――153
生命保険が節税になる理由――154
「生命保険」のしくみ――157
生命保険はいろいろ使える！――158
保険のセールスマン――160
節税も金は出ていく！――161
第7章 なぜ、社長は失敗しても投資し続けるのか？
～「投資」と「設備投資」の話～
命がけ――166
節税と投資――167

借金して投資――168
本業の投資――169
設備投資――171
設備投資は自己資金と借金で――172
やっぱり「不動産」が好き！――175
やっぱり「株」が好き！――177
やっぱり「ギャンブル」が好き！――180
節税での株の売買――182
危険！でも、断れない非公開株！――183
加盟金って、なに？――185
遊休資産って、なに？――186
おわりに――190

第1章

なぜ、社長のベンツは、中古の四ドアなのか？

~「経費」の話~

みんなでベンツを買おう!

「今度、車替えようと思ってんだ」

へー、なになに、何買うの、やっぱりあれ、ベンツ？

ついさっきまで、チラシの反応率がどうしたこうしたなんて目を三角にしていた男たちが急に少年のような顔つきで振り向いた。


「こんど出た、○○のやつ、二ドアの」

「あー、二ドア…。おりねえよそれ。ねー、ダメだよねー？」

「ダメだろうなー」と問われた税理士は言った。

「えぇ？なになに、二ドアだからダメなの？ベンツだからダメなんじゃなくて？」


話している連中の職業は、みなコンサルタントである。俗に言う経営コンサルタント。それぞれ得意の分野があり、中には税理士もいれば中小企業診断士もいる。

共通しているのは、クライアント（お客さん）はすべて中小企業の経営者であるってこと。

「ああ、そういえば、うちの顧問税理士も、**会社の車は四枚ドア（セダン）にしておいたほうがいいです、**って言ってたな」と、別のコンサルタントが言った。

え？会社の車？個人的に車を買い替えるって話で盛り上がってたんじゃないの？

NO！NO！NO！

少年のように話していても、みな三十代の半ばを過ぎた立派なオ・ト・ナ。若いサラリーマンが車を何にしよーかなーって話じゃない。

職業はコンサルタントだけど、みな会社経営者、つまり社長だ。

ってことは、会社の金で車を買おうか、って話。しかも外車。その中でも外車中の外車、ベンツを買おうかって話だ。

いいでしょ〜。

でも、不思議でしょ〜。会社のお金でベンツを買おうなんていうんですから。いいのかそんなことしてー!

ベンツは会社の金で買える!しかし…

ベンツ、知ってます?

外車の中の代表的な車でしょう。ボンネットの鼻先に丸で△マークみたいなのがピョコンと出ている車。車に興味がない人が見ても、妙に迫力がある感じがしますよね。

お値段は、そうねー、種類によってピンキリだけど、代表的なEとかSとかのタイプだと…新車で最低五〇〇万から一〇〇〇万前後ってとこじゃないですか。

どっひゃー、ちょっとしたサラリーマンの年収分じゃないですか!車が一〇〇〇万!田舎だったら一戸建てが買えるかも。マンションだって新築は無理かもしんないけど、地方都市の中古マンションなら三LDKくらい十分に買える値段だ。

ベンツに限らない。外車だったらBMも似たような値段だし、アウディもそうだし、ジャガーなんてのはそれ以上だな。そんな値段の車が街中をごく普通に走っている。

それだけじゃない。国産車にも目を向けてみましょうか。日本を代表する車メーカーのトヨタの高級車セルシオという車。あれだって、七〇〇万からはする。

ちょっと考えて見ましょう。そもそも、車って高い。どんなに小さい車だって新車だと一〇〇万はする。ならばと中古の車にしたってそう。一〇年も経って何人もの知らない誰かが乗った車が何十万もする。

普段、何気に街中で目にする車、目にするどころか渋滞で道路にあふれている車、それ全部そういう値段なんです。

それも土曜日曜じゃない。平日の昼日中、サラリーマンの皆さんが朝満員電車で揺られ勤めに出ている真昼間、世の中は車であふれている。中には自家用車で通勤しているサラリーマンの方もいるでしょう。でも、仕事中は乗りませんよね。

え？

自分は仕事で乗っている？

営業で自家用車を使っている？

ほら、それだって、仕事で使ってるんですよね。

そうなんですよ、車って、仕事で使っていいんです。ガソリン代は会社から支給されますでしょ。中には手当がついてる人もいますでしょ。

ならば、会社所有の車があって、それが堂々と認められてるんですよ。そして、その車が、常識的に考えられない値段のベンツだっていいんです！

一〇〇〇万の車を会社のお金で買っても許されるんです、会社経営者ならば！

落ちる？　落ちない？

俗に「経費で落ちる」という言い方をされることがままあります。**「こんな領収書は落ちねーよ」**とか**「経費で落とすから領収書の宛名は〇〇で…」**とか聞いたことありますでしょ。

で、いったい誰が何をどう落としてくれるの？って思いませんか？

落ちなかったらどうなるの？

これはわかりますよね、そのお金を使った当のご本人さんの負担、いわゆる自腹ってやつです。

この「落ちる」「落ちない」って意味合い、中小企業の経営者本人とサラリーマンでは大きく違ってきます。

「経費」とは？

経費とは、会社経営のためのお金です。オーナー経営者であったとしても、個人的な理由で会社のお金を使うことはできません。従業員も同様です。あくまでも、会社が儲けるために使われたお金が、経費と認められます。

なお、会社のために使われたお金であることを明確にするため、請求書や領収書といった証憑を、取引先などに発行してもらいます。証憑のないものは、通常、会社の経費として認められません。

宣伝広告費、交際費、交通費…など、会社が儲けるために使ったお金ということになっているが…

たとえばサラリーマンの場合は、総務や経理で精算チェックがあり資金使途を厳しく問われたりするでしょう。あるいは、部署ごとに接待費の総枠が決まってたりして、その範囲内でしか認められてなかったり。

ところが、中小企業の場合、そもそも年度予算とかなんだとかあるわけではない。中には規模の大きい中小企業の場合は予算を設けているところもあるでしょうが。いわゆる中小企業の経営者本人の場合、落ちる落ちないを決めるのは経営者本人です。

ここで中小企業の社長といわずあえて経営者本人といってるのには意味がありま す。経営者本人というのは、会社の資本金をほとんど出してる大株主で代表取締役のことです。

「落とす」かはオレが決める！

まわりくどいですね。たとえば私、資本金三〇〇万の有限会社小堺コンサルティング事務所の全株主で代表取締役社長です。

そう、つまり自分の会社です。会社のお金を管理しているのは私。会社の預金口座から払いだしたお金はすべて私のサイフに入ります。**使ったお金はできるだけ会社の経費で落としますよ。**

誰がその判断をするのか？

そりゃ私じゃないですか。

でもね、だからといって、なんでもかんでも好きにできるかというとさ、そういうわけではないんですけどね。ほら、税務署っていうのがあるじゃないですか。よく税務署に入られた（税務調査）とか聞きますでしょ。

でもね、その税務署に出す決算書、それは誰が作るのか？私の会社の場合、そりゃ私が作りますよ。以前に税理士事務所に勤務してたんですから。

ってことはですよ、あとで税務署に調査に入られて、「これ認めません」って指摘されるまではさ、**なにをどう落としても私の勝手…**じゃないのかな。

というのは冗談として、たいていの中小企業には顧問の税理士さんがいて、その税務署のルールにのっとって処理させられるわけですけどね。いくら経営者本人が「これ落とせ」って言ってもね。

話を車にもどすと、社長が買った一〇〇〇万のベンツは経費で落ちるのか？

落ちますよ、これは誰がなんといおうと、一部の例外はあるかもしれませんが、**全部経費で落ちます！**

でも、少しずつ落とす！

かつて簿記を学び始めたときの私自身もそうであったが、減価償却というのを理解するまではかなり時間がかかったようなおぼえがあります。

いや、理屈はわかるんですけど、実感できないんですよね。

ひと言でいうと、モノには耐用年数というのがあって、それでそのモノの値段を年々少なくしていくのが減価償却ってやつなんです。

ただね、たったこの二行の説明を、正しくしようと思うと、本一冊できあがります。

なにせ、モノによってその耐用年数というのが事細かにできあがります。

誰が耐用年数を決めているのかって？

もちろん税務署じゃないですか。

あ、勘違いしないでください。事業プランとか実際の使えそうな期間ですとかじゃ

「減価償却」とは？

　会社で使用する備品で、1年以上使用でき、かつ10万円以上するものは、経費として一括で処理することができません。例えば社用車や自社の建物などがありますが、こうしたものを固定資産といいます。

　固定資産は使用期間が長いため、一定期間で徐々に経費にしていくことになります。これを減価償却といいます。なお、経費にしていく一定期間を耐用年数、その年に経費となった金額を減価償却費といいます。減価償却費の計算方法には、以下の2つがあります。

①定額法：購入費用×90％×償却率

②定率法：（購入費用－前期末までの償却費の累計額）×償却率

　なお、耐用年数は資産ごとに法律で定められています。例えば耐用年数が4年のノートパソコンを20万円で購入したとします。①の定額法で計算すると、償却率は100÷4で25％になります。ですから、その年の減価償却費は

20万×0.9×0.25＝45,000円となります。

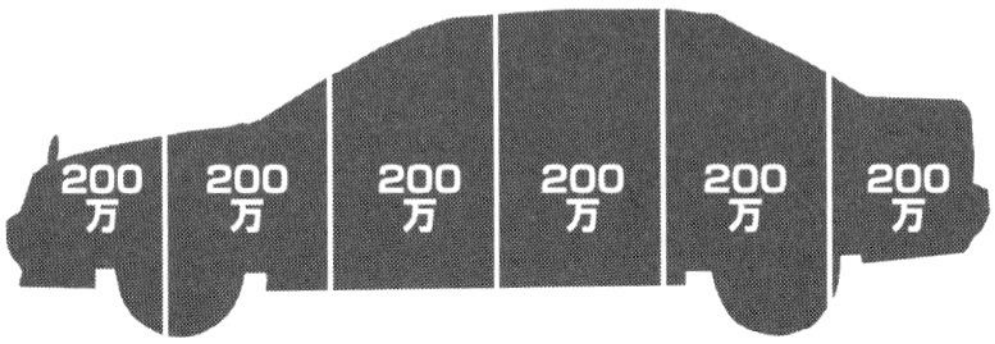

簡単に言うと、耐用年数6年のベンツの新車（1200万円）を買うと、毎年200万円（1200万円÷6年）が経費になる！

ないですから。中小企業の場合、すべて税務署のルールでやってますから。

では、気になる一〇〇〇万のベンツの耐用年数は？

六年です。

ウソ！それはベンツだから？いえいえそんな話じゃありません。乗用車の耐用年数は六年と決まってるんです。誰が決め…だから税務署でそう決まってるんです！

そんなバカな、一〇年落ちのベンツなんてそのへんゴロゴロ走ってるじゃないですか－！中古車販売店行ってもモノによっては一〇年落ちでも一〇〇万二〇〇万してるじゃないですかー！

そうですよ。それは実際の話ですし、現実ですよね。でも税法上は、乗用車の耐用年数は六年と決まってるので、**六年でゼロにします。**しなきゃいけないんです。

え――――、一〇〇〇万もした車が、六年でゼロにするの――――、そんな――――。

一〇〇〇万を六で割ると、一六六万六六六六円…でキリが悪いですね。めんどうだから一二〇〇万だったとしましょうか。そうすると、年間二〇〇万の減価償却費ってことになりますね。

つまり、年間二〇〇万ずつ一二〇〇万で買ったベンツの価値を減らして、減価償却費という経費で落としていくのです。

ハコをイメージするといいですね。買ったときは「車両運搬具」という入れ物に入れて、決算のときにその「車両運搬具」というハコから二〇〇万「減価償却費」というハコに移し変えるのです。

その「減価償却費」というハコは「販売費及び管理費」（通称経費）という大きいハコに入ってて、売上から差し引くことができるわけです。

ふーん…六年で一二〇〇万がゼロになるのか――…もったいないな――って思う人もいれば、あ、なーるほどね、そりゃいいや、って感じるか。

なーんだ、一二〇〇万をいっぺんに「落とせる」わけじゃないんだ――、がっかり。

おいおいそうきたか。それが通るのなら、会社で儲かったらみな車買っちゃって税金払う人いなくなるでしょーが！

耐用年数って知ってます?

なんとも車に興味のない人にはどうでもいい話に聞こえるかもしれませんが、会社経営あるいは個人事業であっても、万事これだということです。

たとえ、事業用どうしても必要なものであっても、ある一定の金額以上のものは、ありとあらゆるものすべて、この耐用年数にのっとって減価償却することになります。

その一定の金額というのは驚くほど低い。しかも、その年度によって制限金額が上がったり下がったりもするし、償却方法まで変わる。

だから、私のように税理士事務所に勤務した経験でもない限り、自分で決算を組むことはできないし、そのためにいるのが税理士さん、ってわけだ。

たとえば、パソコンひとつとってもそう。一〇万以下の安いモノだったら悩まず消耗品か事務用品で落としてもいいかな。でも、それ以上だとやはり減価償却の対象になったりもする。

ところがところが、もし大量に購入する場合は、ある年度によっては「特別償却」

「耐用年数」とは？

耐用年数とは、固定資産を経費にしていく一定期間のことです。ただ、例えば同じ車に乗っていたとしても、乗る人によってその車の寿命は異なってきます。そこで税法では、資産別に法定耐用年数を決めていて、税務計算では、統一してこの年数が使われます。主な耐用年数は以下のとおり。

<主な耐用年数>

鉄筋コンクリートの建物（事務所）……50年

自動車（普通車）…… 6年

自転車…… 2年

机・イス（金属製）……15年

テレビ…… 5年

パソコン…… 4年

時　計……10年

金　庫……20年

自動販売機…… 5年

といって通常の減価償却よりも割り増しで前倒しで償却してOKという場合もあるかならなおさら話はやっかいだ。

くれぐれも、事業用としてモノを買う際には、この耐用年数と減価償却には気をつけろ！

いっぺんに買ったからといってすべて経費で落ちるわけではない。

一〇年落ちのベンツが実際には使えるような場合ならまだしも、税務署の決めた耐用年数は現実より長いのがほとんどだ。

ちょっとしたお店の内装でも、税務署の決めた耐用年数は一〇年だぞ。いまどき一〇年ももつか？

耐用年数をうまく利用する！

そうすると、モノを買ったときの税務上のルールをわかった上で上手な買い方をするのがポイントといえる。

それがたとえ車であろうとお店であろうと。

なぜならば、会社経営上なによりも大事なのは資金繰り。いっぺんに買っても経費で落ちないモノをあなたはキャッシュで買いますか？

仮に、決算が近くなって一〇〇〇万儲かって（利益が出て）そのとおりお金が余ってたにしても、アナタは現金で買いますか？

買うという言い方はよくないな。

たとえ本当は社長の趣味であっても、ただ見栄をはりたいだけのベンツであっても、それは「設備投資」というのです。

落ちないんですよ、全部キャッシュで設備投資したら。ベンツに限らずお店であっても同じこと。

その年度内に落ちるのは減価償却費だけ。

アナタが社長ならどうします？

一〇〇〇万儲かってたら、税金は約半分とられますよ。

さあー、どうしよう。

でもさ、お金がなくてもやりたいのが設備投資だし、**無理してでも乗りたいのがベンツですよねー。**

買い方のつじつま

車を買った時の経理処理の仕方から話しましょう。

は？

三〇〇万の車は三〇〇万として車両運搬具として資産計上するんじゃないのかですって？

いやいや、いろいろ諸費用とかってかかるじゃないですか。軽自動車だったら一〇万くらいですか。自動車税とか取得税とか、自賠責保険とか…。排気量とかが大きくなれば三〇万を超すこともありますよね。それ以外に登録費用とかもあるし。

これら、いわゆる諸費用に関しては、一発で経費処理してもＯＫ。勘定科目は車両費とか車両関係費とかで。なんなら、税金は租税公課、自賠責は保険料、登録費用は手数料とか雑費とかでもいいですよ。

あるいは、本体価格とあわせて車両運搬具の価格に計上して減価償却していってもよい。

では、その減価償却の方法であるが、毎年均等に償却していく定額法と、毎年同じ率で償却していく定率法の二種類がある。

定率法の場合は、初年度が最も大きく償却することができ、次年度以降は年々小さくなっていく。

ちなみに、年度の途中で購入した場合は、定率法であれ定額法であれ、その期間に応じての月割り償却するのが原則である。期首から三カ月目に購入したのであれば、減価償却できるのは残りの九カ月分ということになる。

なんともめんどくさい話だ。やっぱり車なんか買ったりするもんじゃない、なんて思ってませんか？これ、設備投資した場合、あるいは一〇万以上するモノを買った場合はみな共通の処理ですからね。

さて、ここまででポイントが二つ。一つは、諸費用は一発で経費にすることができるってこと。ちなみにこれは車だけに許されていることです。それ以外の設備投資で購入時あるいは設置時にかかった費用・手数料はすべて購入価格に上乗せ。このあわせた金額のことを取得原価といいます。

二つ目のポイントは、買った初年度は月割り償却ということになるので、その時期を考えて購入しなければいけません。

たとえば、一二〇〇万の本体価格を定率法で初年度償却したとしたら一ヵ月あたりいくらになるでしょうか？

つまり、諸費用とかこれら経費として償却費として処理できる金額までは、お金があれば払ってしまっても、つじつまがあうでしょ。

じゃあ、残りは？

そりゃ借金したほうがいいでしょ。六年で経費になるものは六年で借りましょうよ。それこそ定率法で償却したら、最初のほうは減価償却のほうが大きくなって、返済する金を上回るでしょう。ほら、金がよけいに浮くじゃないですか。

え？後半のほうは逆に返済のほうが上回るから金が足りなくなる？

うっ！するどい。そういう人は絶対ベンツなんか買わないんだろうなー。なになに、借金したら金利がもったいない。はいはいわかりました。でもね、**金利は支払い利息として経費になる**んですよー だ。

車は借りて買え！

つまり車に限らずなのですが、耐用年数が決められてて減価償却の対象になるようなモノを買うときは、その耐用年数に応じて借りて買うのがいい、ってことなんです。借入れ返済額（元金）を減価償却費にできるだけ近づけるのが理想です。後で詳しく触れますが、だいたい事業経営上拡大のためには設備投資が不可欠。そのときの間違った資金調達方法が資金繰りで行き詰まる原因です。

とまあ、こう書くと非常にかっこいい響きというか小難しい解説になりそうですが、そんな一発で落ちないもん買うのに、なんでキャッシュで買うかなー、ってことですよ。

わかった。じゃあ、その車を買うのに銀行に融資の申し込みに行けばいいんだな！銀行がだめだったら国民生活金融公庫か、中小公庫か商工中金か…。

いいなあ、そういう人、大好き。「ベンツ買うので融資の申し込みに来ました」。銀行員がどんな顔するのか見てみたい。

いいですか、ベンツ買うのに銀行にお金借りに行ったりしないように！絶対貸してくれません。ならトヨタならいいのか？そうじゃなくって！

運送会社とかを経営しててトラック買うっていうのなら、そりゃ立派な事業資金ですが、ベンツ買うのは事業資金とみなされないので銀行の融資は受けられません！

確かに、四トントラックであろうがベンツであろうが車両運搬具という設備であることには変わりないのですが、なぜか社長が乗る車は設備投資であっても融資対象ではないんです。

そりゃ確かに、事業用の資産とはいえませんからねー。ゴルフ会員権やリゾートマンション買うのには融資してくれるのにおかしな話です。

が、社長が個人名義で買うから、というのなら話は別。マイカーローンというのがあります。

ローンを使え！

いやいや、やはり会社で買って経費で落としてこそ、でしょう？ならば、ローンを使いましょう。銀行以外の。なんならディーラー系ローンでもいいしさ。

銀行より金利はちょっと高いかもしれませんが、ディーラーによっては銀行金利並みのところもありますし。

なによりもローンのいいところは、**借金であって借金でない！**会社として車のローンを組んだ場合の経理処理は、「借入金」ではなく「未払い金」として処理するのです！

これはけっこうポイント大きいです。会社経営をしていると、融資を受けるにせよなんにせよ、決算書の良し悪しが問われる場合が多々あります。その際に売上や利益のほかに重視されるのが借入金です。

ここで数百万の車をローンで買った場合、借入金として表示されるのと未払い金と表示されるのでは財務分析上のポイントも違ってきますし、なによりも印象が違うでしょう。

当然決算書の内訳書の借入れ明細にも車のローンは載せず、未払い金のページに○○クレジットとか△△信販とか記載するわけです。

ちょっとした工場や店舗をやってる会社だったら、決算書を見るほう（銀行とか）は機械か店舗の器具備品でも購入したのかと勝手に善意に解釈してくれます。

あれ？ってことは、車をローンで買ったにせよなんにせよ、銀行の印象は悪いってこと？…その話はもう少しあとにしましょうか。

実は、もっとカンタンな買い方がありました！

え？

もっとカンタンな車の買い方があるだろうですって？

減価償却すらいらない、維持費すらかからない、いい方法があるだろうって？

はい、それは**「リース」**です。かくいう私の車もリースです。モロモロの諸費用まで全部コミコミで五年リース。経理処理は、毎月口座引き落としで「賃借料」。コピー機やなんかと同じ勘定科目で処理してます。

どの車のどのタイプを選んでオプションはあれとこれとつけて…車選びはまるっきりいっしょ。ただ最後のほうで、会社ですのでリースで…といえばOK。もちろん審査はありますけどね。決算書なんかいらなかったような気がするなー。ちなみに私の場合は決算書もなにも出さずに審査が通りましたが。

リースの欠点は、金利がひょっとしたらローンより高い、かもしれませんね。でも

「リース」とは？

リースとは、借主が指定するものをリース会社などの貸主が調達し、貸し付けるものです。レンタルと違い、途中解約ができない契約になっています。最近は技術の革新が早いため、最新の機械を購入したとしても、すぐに時代遅れになってしまいます。そのため、会社は機械を購入せず、リース会社から短い契約期間でリースすることによって、設備の更新をスムーズに行うことが可能になります。

リースにすれば、リース代は経費で落ちる。だから、減価償却よりは経理もラク!

それだって交渉しだい。リース会社はたくさんあります。なにも新車だからといってディーラー以外で買えないわけじゃなし。

車検証の名義がリース会社になってしまう？なにをおっしゃいますか、車は所有するのが目的じゃなくて乗るのが目的でしょ？ベンツの横っ腹に、□□リースって書かれてるわけじゃなし。ナンバーの色が違うわけじゃなし。買うより高くなるって？なにをおっしゃいますか。そもそも車自体が高い乗り物じゃないですか。そのへんの免許取立てのコゾウじゃあるまいに。

車はね、どうせいつかは売るんですから――――！

景気いいっすねー

ところ変わって、ここはある温泉街。

「うわっ！なんすかここの温泉街、景気いいっすねー。旅館の玄関にみんなベンツじゃないっすか！」

そんな大きな声出さないでNさん。温泉街ったって五~六軒しかないんだから。聞こえるって旅館の人に。

「あれ、客の車じゃないっすよね。時間も時間だし。みな玄関先に横付けしてますもん」

ここは、東北の某県の新幹線の止まる県庁所在地から車で小一時間走ったひなびた温泉街。というより、湯治場といった雰囲気が色濃く残ってる。開湯は江戸時代の天保だか享保だか…。

「温泉街は入ってすぐのあの旅館はベンツの、あれEでしょ。そっちは、あれベンツのジープ?」

ほらNさん、ここが今夜のお宿、拙著『借金バンザイ』の打ち合わせする旅館ですよ。

「ああ、さすがにここはベンツじゃないっすね。クラウンすか」

案内された部屋は、旅館で最も景観の良くて料金も一番高い部屋だ。さすがに出版社から編集者が来るって言ったから気を利かせてくれたのだろう。

今夜は、私の『借りる技術・返す技術』に次ぐ本の企画打ち合わせだ。というよりも、実際に会社さん、つまり私の顧問先の取材もかねている。

拙著『借りる技術・返す技術』は参考書的な内容だったが、次回作はよりリアリティのあるものを考えていた。かといって、実際のケースをそのまま本にするわけにもいかない。

どこまで書いていいのか私にも判断がつかない。

「見晴らしいいっすねー。でも、ほんとになんにもないっすね。携帯も入らないし」

ねぇねぇ、ほらNさん、あそこ見て。この旅館のちょっと裏手が見えるでしょ。ほら、あの車…。

「あ!あれもベンツじゃないっすか。Cタイプのクーペ!ここもっすか!」

中古ベンツが売れてる理由

そんなに驚かなくてもいいじゃない。別に珍しくないでしょ、ベンツなんて。

「だけど…こんな温泉街で、っていったら悪いけど…それも、ここってコザカイさんの…」

ほら、よく見てみなよ。みな新型のベンツじゃないでしょ。それほど車に詳しくないけどさ、けっこう年式たってるんじゃない。ここもそうだし、入り口のほうにあったのだって。

「いや、それにしたって…」

そう、それにしたって腐ってもベンツはベンツ。サラリーマンの感覚ではおいそれと乗れたもんではないだろう。でもそりゃ、そういうものさしで測るほうが間違っている。まあほら、中古だったら、耐用年数も短いし、すぐ償却できるからね。

「へ？新車と中古車で耐用年数って違うんすか？」

そりゃ驚く方向が間違っている。新車の乗用車で耐用年数は六年といったんだから、中古車の耐用年数が新車と同じであったらおかしな話だ。

新車の場合は六年の耐用年数だが、中古の場合は経過した年数をその六年から差し引く計算になる（厳密にはちょっと複雑な計算）。

「とすると、三年落ちなら残りの耐用年数は三年？」

そういうことになるかな。

「もし、六年落ちだったら？耐用年数はゼロ？」

そういう場合は二年で償却ってことになるかな。

ってことは？

「新車で買うの、ばかばかしくないっすか！」

おおー、誰だってそう思うわなー。

「だって六年落ちのだってまだまだいけますよね？ならば、ちょっと儲かったら税金対策ですぐベンツいけるじゃないっすか」

そうかもしんないね。ひょっとして、ベンツに限らず外車があんなに売れてるのはそれが要因になってたりして…。

中古の場合であっても、耐用年数が短いだけで、減価償却の方法そのものは新車の場合と同じだ。

決算期末に買って、たった一ヵ月だけでも月割り償却して、次年度は一年分、そして翌年に残りの一一ヵ月分を償却して終わりだ。

ってことは、支払方法も、儲かって現金があるならば、買った月に諸費用と一ヵ月分の償却費相当を支払う。あとの残金は翌月まで待ってもらえばいい。翌月ってことは、決算月の翌月分だからもう来期になってるわけだ。

ならば、残金全額支払っても、償却費で足りないのは翌々年の償却相当分だけ。定率法で耐用年数二年なら、翌々年には償却ほとんど少なくなってるんじゃないの？

「わかった！ベンツ乗るなら中古ですね！」

第2章

なぜ、年商の四倍の借金のある旅館が潰れないのか?

～「資金繰り」と「決算書」の話～

「なんでなんで」で、輸血が必要になった！

前章から登場のこの旅館。

実は、年商二億五〇〇〇万、借金一〇億！

「なんでそうなっちゃったんですか？」

なんでというのは、なぜ年商の四倍の借金になっちゃったかという意味ですか？

そう聞かれたら、売上が下がってしまったから、って答えになってしまいますよね。

五億くらい売上があったのが、何年間かのうちに二億五〇〇〇万、つまり半分までになってしまったんですから。当然、その数年のうちに赤字にもなりましたから、その補填資金で借入れも増えた。

結果として、年商の四倍の借金になった、ということですよ。

「なんで…」

なんで売上が半分になってしまったかって？

「ええ…」

さあ。出会ったときは、もう三億くらいになってたかな。そうなってしまった以上、売上が下がった原因を追求しても始まらないよね。遅いでしょ。

「遅い？」

いやすでに最盛期の三分の二くらいまで売上が下がってるわけだから、その時点で分析したってしょうがないよね。せめて対前年比でダウンしてて、そのあたりで「おや？」って気がつかなきゃ。

もうね、業種によって宿命付けられた特性みたいなものがありますから。たとえば、こういった旅館業もそうだし、飲食や小売りといった業種は、いったん落ち始めたら、それに加速がついてしまってからでは、止めるのにも時間がかかりますから。

「売上ダウン止めるのにも時間ですか？」

ひらたく言えば、売上ダウン、つまりお客さんが逃げてるわけですよ。それが価格のせいなのか質なのか、世の中の景気なのか、ともかくそうなるわけですよ。それに歯止めかけなきゃいけないわけじゃないですか。

その歯止めかけるにしてもですよ、すでに日々の資金繰りに困ってしまうくらいにまできてるわけですから。もう前年よりも今年も下がるという前提でものごと考えなきゃいけないですよね。

「というと？」

金の算段ですよ。もっと足りなくなるという前提で考える。いかにして借りるか？いかに支払いを待ってもらうか？いかにして支払いそのものを減らすか？

ケガや病気の治療に例えたら、もう金という**血がダラダラ流れてる**わけですよ。そうしたらどうします？

血を止めるのが、出血止めるのが先決ですよね。でも、検査してる余裕がないし、実際には病気やケガと違って原因不明なんてことはないから、その時点で詳しい検査なんていらないんですよ。

資金繰りでは原因不明の出血なんてないんですから。原因わかってても止められない。

止血の手当てはもちろんですが、それまでの輸血の手配が大事じゃないですか！

銀行と借金経営の関係

「検査が必要ないっていうのは、財務分析のことですよね？」

そうそう。だって、病気と違って自覚症状がないわけないじゃないですか。病気は自覚症状がなかったりするから、レントゲンだ血液検査だ、って必要でしょうけど。経営上の、まして資金繰りとなったら、金が足りるか足りないかって話ですよ。

分析の結果、金が足りないのは売り掛けサイトが延びているからです、って言われてもねぇ。サイトの長い販売は止めましょう、そりゃそうですって話ですよ。

だから経営上の資金繰りの場合は、検査が有効なのは、まだ資金不足を自覚する前でしかありません。

もう自覚するようになったら、何が大事か？そりゃもう銀行対策が一番ですよ。売り上げがどうしたこうしたというのは言うまでもないこと。

「銀行対策というと？」

大きくいって二つしかありません。**もっと借りることと、返すの待ってもらうこと。**この二つを徹底して考える。だっていま資金繰りの危機はそこにあるわけですから。幸か不幸か飲食や小売りだったら、売上が下がってるといってもある月突然売上が半分になることはそうない。悪ければ悪いなりに予想がつくわけですよ。

「なるほどですね。続きがありそうですね」

「輸血で足りなきゃ、献血で」が中小企業の実態

なりふりかまわないということですね。銀行だけですべては解決しませんから。銀行には銀行の事情というのがありますし。もっと貸してくれる場合にしても時間がかかったりします。まして返すのを待ってもらうとなればなおさら。

だから銀行以外の輸血も考えておかなければなりませんよね。

「商工ローンっていうやつですよね。よく商工ローンから借りると倒産するって…」

使い方ひとつでしょう。そりゃ**金利が三〇パーセント**もしますから。ただどんなに商工ローンだって、貸すほうもバカじゃないんで借りたくても限度がありますから。無担保無保証でそっちからもこっちからも複数から借りられたにしてもせいぜい一〇〇〇万じゃないですか。一年まるまる借りたら金利で三〇〇万。そういう使い方したら、そりゃ事業規模によっては無茶がありますよね。

「要は使い方だというわけですね。他にもありますか?」

輸血で足りない場合、どうしても間に合わない場合は…そりゃあ、献血しかないいんじゃないかなー。

「ケンケツ?献血ですか?それって…家族や友人から…」

不思議なんですけど、献血(個人借入れ)が集まる経営者っていうのは、不思議と輸血(銀行借入)の手配もつくものなんですよ。

借金経営が成り立つ条件

「それにしても…」

納得できないでしょうね。目に見える数字、耳に聞こえる数字の話だけで言ったら、一気に銀行対策、資金繰り最重要に取り組んだにしても、年商の四倍が借入れになったことの説明には足りないか。

個人的な借入れや市中金融からにしても限度があるし。

俗に言う借金経営がどんな業種でも続けられるかというとそういうわけではない。いくつか条件があります。

一つ目は、現金商売ということ。これが最重要ポイント。払うほうは、ある程度待ってもらうことができます。俗に言う「ツケ」。しかし、売るほうでも掛売り主体となるとかなり難度がアップします。しかも、その掛売り先が、特定の得意先に偏ってしまったりしてるとなおさら難しい。

つまり、個人客中心で、現金商売であるのがいいわけです。

二つ目は、原価率が低いこと。ここの旅館の場合は、原価率が三五パーセントで、当然在庫負担なんてありません。いかに現金商売であっても、在庫負担が大きいのはやはりきつい。

三つ目は、季節変動はなければないほうがいい。仮に在庫負担が大きくても、それはスタート時点で解決してしまえる話です。そこに季節ごとに商品入れ替えや売れ残りが発生してしまうから資金負担がでる。

そもそも、季節によって売上が大きく上下するというのは、固定費負担からいってもネックになります。

「ということは、建設業関係というのは…」

難しいよね。借金経営したくても、売上そのものが単体扱いですし、特定の得意先に頼ってしまいます。さらに在庫ではないですけど、工事仕掛かり負担がでます。

建設業種によっては春夏秋冬の変化もあるでしょうし、それよりも工事代金の入金に間隔が空きますから、そこを埋める資金繰りが必要になります。


前項で例えた「献血」や銀行以外の輸血というのは、旅館業独特の季節変動を埋めるために使うわけですよ。本来であれば、そういう季節資金も銀行から借りられればいいのですが、売上低下が止まらなくて、借りられなくなってしまったんですよ。

売上が下がっている…つまり資金需要も減っている、ってことになってしまいますから。それよりも、旅館業の場合は設備資金が最重要。いったん設備してしまったら、補修工事がつきものですからね。

「というと、当初八億だったのが一〇億に増えたのは…」

はい、改装資金として追加融資受けました。

八億も一〇億も同じ！

「売上がダウンし始めたのに追加融資で改装したんですか⁉」

驚いているようですけど、なにか矛盾してますかね？

これも旅館業という特色で、絶対避けられないことのひとつに設備の老朽化があります。

減ってしまった売上の分析はじつに様々考えられますが、誰の目にも見えるのは設備の老朽化でしょう。

下がり始めた売上の回復を図るにしても、早めに手当てしておくにこしたことはありませんよね？それこそどこまで下がるかも予測できませんから。それこそ下がった売上を回復させるためにも早めに改装してしまおうということです。

「うーん…それで二億も追加ですか…」

理解しがたいですか？もうね、ここまできたら、**八億も一〇億もいっしょですよ。**払えなくなってしまうんだったらね。

「銀行もよく出しますよねー…」

貸すほうからしても同じですよ。八億がパーになるのも一〇億がパーになるものそう大きな違いはありませんよ。年間金利だけでも二〇〇〇万弱も払ってるんですよ。それも何年もそうやってきたんですから。五年払ったら一億ですよ！

現に、いまだって一〇億の金利だって払ってますよ！

「え！払ってるんですか！払えてるんですか？赤字じゃないんですか！」

いいえ。赤字だなんて、ひと言も言ってませんよ。

「会計の赤字」と「資金繰りの赤字」は違う！

「年商二億五〇〇〇万で銀行借入が一〇億！もう借入れ返済はできてない！支払いのツケもたまってて、手形をジャンプしたり、銀行の一〇倍以上の金利のお金を借りたりしながらベンツにも乗ってて、それでも経営は赤字じゃない？」

「手形」と「ジャンプ」

ビジネスにおいて、業種によっては未だに支払いを「手形」でする場合もあるようです。たとえば、100万円の支払いを手形でした場合、その手形にある支払期日に銀行口座に100万円なければ「不渡り」になります。「不渡り」を出すと、事実上倒産になってしまいます。当然、銀行融資はストップしますし、他の取引先も資金を回収しようとするからです。

そこで、お金がどうしても融通できないときに、手形を渡した相手に支払期日を延ばしてもらうのです。このことを「ジャンプ」といいます。月末締めの翌月末払いを手形で支払って、その手形の支払期日が3カ月先だったりしたら、相手がお金を受け取るのは相当先になりますね。

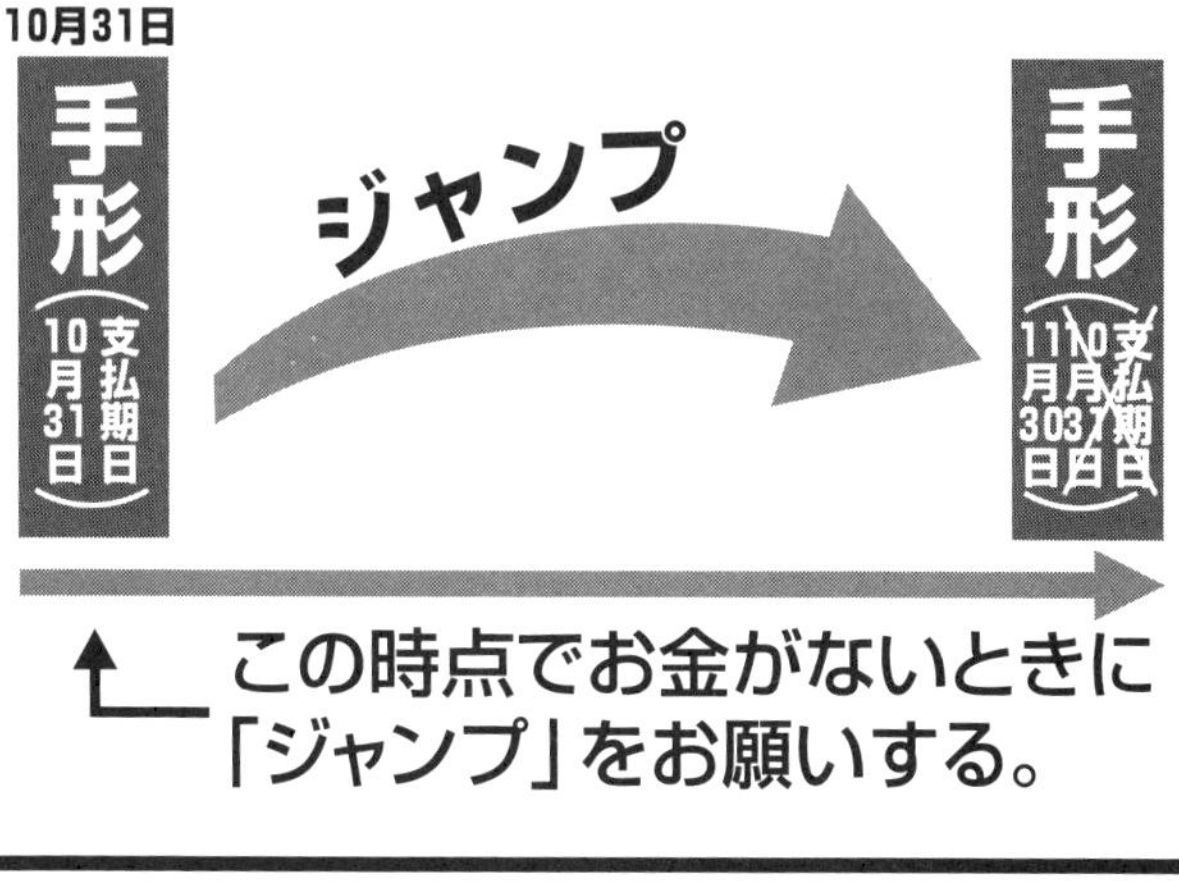

それとこれとは話は別ですよ。資金繰りの大変さと赤字かどうかというのはまた話が違いますでしょ。

必ずしも借金が増えている、ほうぼうからお金を借りていること、イコール赤字経営という話ではありません。

「そりゃ確かに、決算にはいろいろ理屈があるでしょうし、でも売上五億あったのがどんどん下がって半分まで下がってたら…」

普通はそう思いますよね。でも、それほど特別なトリックがあるわけじゃないんです。ひとつには、会計上（損益）の赤字と実際の資金繰り上（資金収支）の赤字の違いはあります。

「よく勘定合って銭足らずとか言われることですよね」

そうです（ほんとにわかってるのかな？）。

現金商売で売るのも現金、支払いも現金で在庫も設備もなしだったら悩まなくてもいいですよ。今日売る分だけ朝買ってくる、みたいなね。

「売り掛け金」とは？

通常、ビジネスを行う場合、すべてが現金取引とは限りません。たとえば、飲食店の場合、朝、現金で仕入れてきた材料を料理して、お客に出して代金をもらっているのであれば、すべて現金商売です。

しかし、実際のビジネスでは、すべて現金商売というわけにはいきません。さっきの飲食店の例でいえば、材料を仕入れるときにいちいち現金で払うのは面倒です。そこで、仕入先には１カ月分まとめて支払うことにします。１カ月分を月末で締めて、翌月末に支払うということになります。

このような場合、仕入先の会社は、材料を売ってはいるけれども、現金が入ってくるのは翌月末になります。この現金が入ってくるまでの間の売上を「売り掛け金」といいます。ちなみに、売上が多くても売り掛け金が多いと資金繰りが苦しくなります。現金がないのですから当然ですね。

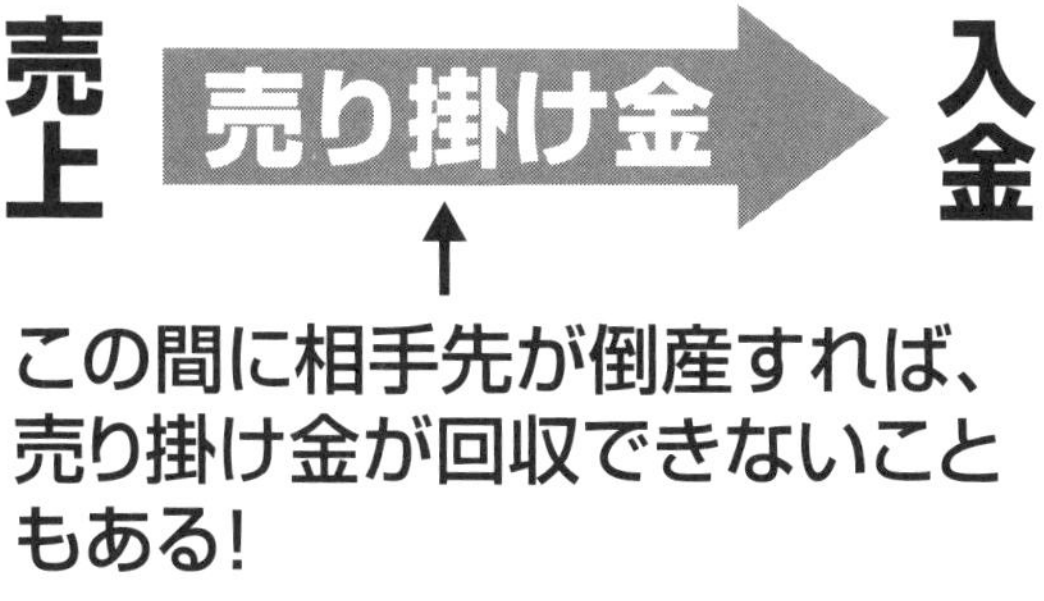
売上
売り掛け金
入金
この間に相手先が倒産すれば、
売り掛け金が回収できないこと
もある!

そうでないからややこしくなる。でも、たとえ売り掛けだ在庫だなんだ、税金がどうしたこうしたといっても、入ってきたお金と出ていったお金はたとえ小学生が計算しても同じでしょう？

「それが、会計の難しさとか税金が絡んだりしますからね。いくら勉強してもなかなか身に着かない」

話をここの旅館に戻すと、資金繰りが苦しくなったのは、売上が減ってきて毎月の銀行の返済ができなくなってきた、ということ。

年商五億円ペースであってはじめてスムーズな返済ができるんです。

「そうですよね、それが売上が半分まで落ちたら…」

そりゃあ、返済は無理でしょう。だけど、そうカンタンに返済を待ってもらうわけにもいかないし…。だから、他の支払いを延ばしてもらったりして銀行の返済を極力優先させてきたわけですよ。

「ああそうですよね、八億から一〇億に借入れが増えたのは、改装のためですものね」

そうです。ここは重要なポイントですよ。借入れそのものは増えてないんです。売上が下がって資金繰りは忙しくなったけど、もともとの借入れは増えてないんですよ。

これって、変動費？

「はー、そうですよね、どうしても売上の落ち込み度合いと、借金の大きさに気をとられますけど、増えた二億は改装資金、つまり設備投資」

いいですか、ということは、売上は半分まで落ち込みましたけど、もともとの借入残高も増えていない。ま、減ってもいませんけど。

しかも、翌年に急に売上が半分に減ったわけではないんです。五年ぐらいかかって落ちてます。

借入れも、返済を止めたのはここ一年ぐらい、それまでは遅れながらも返していましたよ。

「でも、減ってないということは」

返したらまた借りるしかないじゃないですか。そもそも年商五億円くらいあって返せる計算なんですから。やりくりしてしばらくは返しても、また借りる…。

どうしても資金繰りの大変さが目立つので先にその仕組みを解説しましたが、そもそもそういう借金経営のやりくりが可能になったのには理由があるのです。

そのカラクリは、旅館の経費はほとんどが変動費なのです。変動費と固定費というの知ってますか？

「売上のアップダウンによって『連動する』『しない』で区別することですよね？」

別に会計用語でもないし税金用語でもないですけどね。かかる費用の区分の仕方を、そいう観点から考えましょう、ということです。

「正式な会計用語ではない、ってところが微妙ですよね」

そうなの、変動費イコール売上原価じゃないからさ。たとえば広告宣伝費なんか業種によっては変動費の代表だけど、会計上は販売費及び管理費ですからね。

「いわゆるハンカン費（販管費）ってやつですよね。たんに経費といったり」

そうするとさ、ほんとは売上と連動して比例するのが、固定費のような感覚になっちゃうところが悩ましい。そもそも旅館業もそうだけど、広告宣伝費なんか売上が増えるから増えるんじゃなくて、売上を上げるために（増やすために）先にやるのが広告宣伝費だけどね。

ま、要するに、旅館業すべてとはいえませんが、ここの旅館の場合は、ほとんどの経費が変動費みたいなもんだったってわけですよ。

ということは、売上が半分になっても営業利益率は一〇パーセントは変わらず、ってことですよ。

年商二億五〇〇〇万になっても営業利益は二五〇〇万、一〇億の金利が二パーセントで二〇〇〇万ですか？

あ～ら不思議、元金は返せないけど金利は払えるじゃないですか！

銀行だって待つしかない！

旅館業というある種特殊な業種で、経費のほとんどが変動費であったので、売上が下がっても仕入れや経費も下がり、なんとか黒字はキープできた。

とはいうものの、前項で広告宣伝費など売るために先に出る変動費もあるので、必ずしも理論どおりにいかない場合も当然ある。

売上のダウンが急激な場合、たとえば例年どおりの広告を打ってもまるっきり反応がなかった場合などは、いくら変動費といえども売上のダウン幅に比例して経費は落ちないことだってありうる。

さらに、損益計算の理論上は、減価償却費というお金の出ていかない経費もあるので、そこを加味しなくてはならない。

ここの旅館の場合、年間二七〇〇万の減価償却費が見込まれる。減価償却費は売上がダウンしようがどうしようが関係ない。

旅館業で売上ダウンというのは稼働率のダウン。いつもより使ってないから減価償却費も稼働率に応じて…というわけにはいかない。

よって、会計上正しく言えば、年商二億五〇〇〇万の一〇パーセントの営業利益から減価償却費を差し引くと…

「マイナス二〇〇万の営業利益…」

そこから、一〇億の金利二パーセントを引くと…

「マイナス二二〇〇万の経常利益」

でも、銀行借入の利息は？

「払えます」

どうですか？売上半分になって、借金は売上の四倍になって、金利しか払えませんよ。決算書はいまいったとおり赤字です。

継続してちゃおかしいですかね？

やめなきゃいけませんか？

倒産しなきゃおかしいですか？

理論上はおかしいかな？

銀行の借金は払えなくなったんだから。

「その…よく銀行でも待ってくれますよね」

アナタが銀行の担当者だったら、支店長だったら、どうします？銀行の審査や管理の理屈はともかくさ。

年々、売上が前期を下回るようになってきて、昨対（昨年対比）一割ダウン、今年

「営業利益」と「経常利益」

利益には、売上総利益、営業利益、経常利益、税引前当期利益、当期利益の５つがあります。売上総利益は、会社の本業の売上高から売上原価を引いたものになります。売上原価は、小売業では仕入原価（仕入価格）、製造業では人件費を含む製造や工事にかかった費用のことです。「粗利益」とも言います。

営業利益は、売上高総利益から「販売費及び一般管理費」（事業に使った費用）を引いたものです。会社の本業における利益を示します。

経常利益は、営業利益に営業外損益を加減したものです。営業外損益とは、本業以外の財務活動による損益で、収益面では預金や貸付金から生じる受取利息、受取配当金、雑収入、損失面では借入金の支払利息などがあります。「ケイツネ」と言われることもあります。

＜５つの利益＞

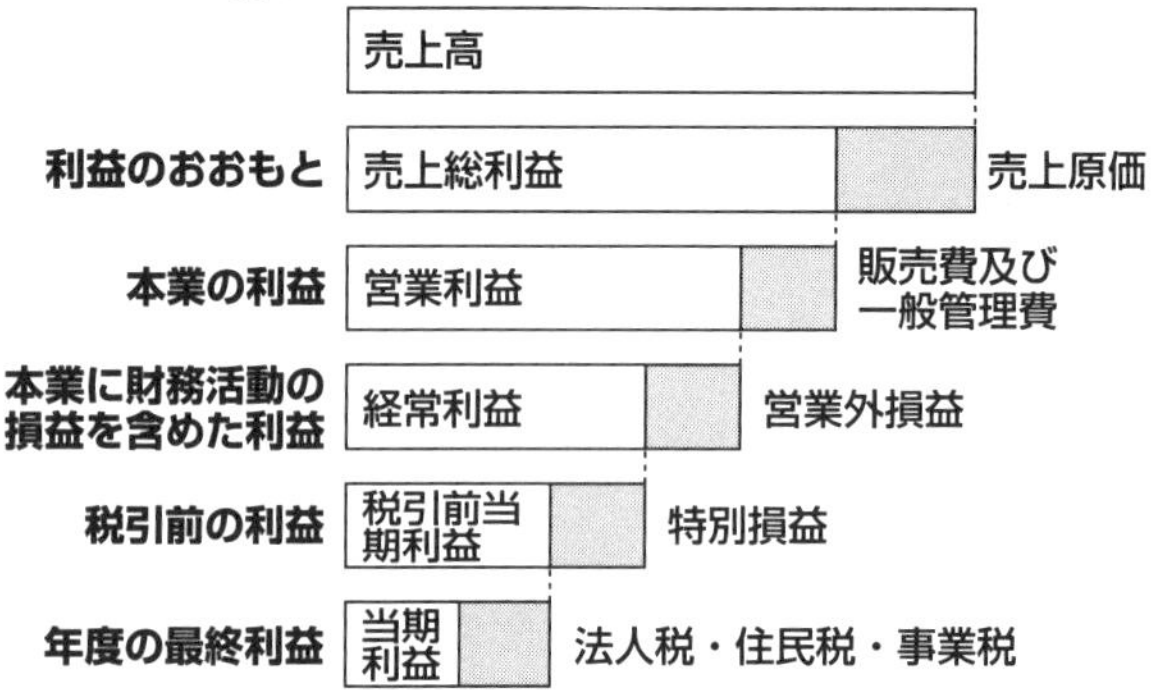

もダウン…どこで線を引きます？どこで区切りをつけます？どこまで待ちます？

当初八億の貸し金ですよ。その後二億追加して一〇億。銀行が返済を待たないイコール倒産ですよ。貸し金パーですよ。担保とってても、そうなると貸し金の三割くらいがいいところ。その三割ですら回収するのにどれほど時間を要するか。

倒産と同時に銀行の帳簿上は七億の損失ですよ。

せっかく金利だけとはいえ、毎年二〇〇〇万は銀行の収入になるんですよ。いったい何人の銀行員の給料がそこから出ます？

返済待たなきゃ、すぐに七億の損だして二〇〇〇万の収入が減るんですよ。

銀行だって、待つしかないじゃない。とりあえずは。

「本当の赤字」と「決算書の赤字」は違う！

中小企業の多くが赤字だとよく耳にしますし、本や何かで目にもします。どう思います？いかにも中小企業の経営というのは苦しいように思えますよね。

まあ確かにそうですよ。大変ですよ、自分で会社経営すると。

確かに、ゼロから創業して、あ、いまは起業っていうんですか、そうしてお客さんを集めて売上を作って、事業を軌道に乗せるのはサラリーマン時代の想像以上でしょう。何が一番大変かといえば、そりゃもちろん資金繰り。ここまで出てきたエピソードだけでも具合が悪くなりそうだと思います。

でも、その夜も眠れなくなるほどであるにもかかわらず、踏ん張りがきくのも中小企業だからこそ。これも現実でしょう。

だいたい、上場企業だったら、赤字決算しようものなら大騒ぎ。債務超過になったら即倒産ですからね。

いいですか、債務超過というのは借金が多いって意味だけじゃないですよ。理論上、資産（財産）より負債（借金）が多い状態になった場合は、つまりは資産すべてを負債の返済にまわしても完済できない状態のことをいいます。つまり、倒産を意味するのです。

でも、中小企業じゃ債務超過くらいじゃ倒産なんかしませんよ。

決算書が赤字？ へー…みたいな話ですよ。

では、規模の大小こそあれど、家族経営、自分が株主で社長で、という中小企業全

「債務超過」とは？

債務超過とは、会計上の会社のある時点で、負債（借金）の合計額が資産（財産）の合計額を超えているような財務状態を示します。会社が赤字になり、それまでの元手（資本）や今までの蓄積（剰余金）を完全に使い果たした状態です。

債務超過の場合、仮に全ての資産（財産）を売却しても、負債（借入金）を全て解消することができず、借金だけが残ってしまうことになります。

ただし、債務超過になったからと言って倒産するわけではありません。会社は支払いができなくなった時に資金ショートを起こして破綻（倒産）します。ですから、資金繰りさえできていれば、債務超過でも倒産はしません。

債務超過の例

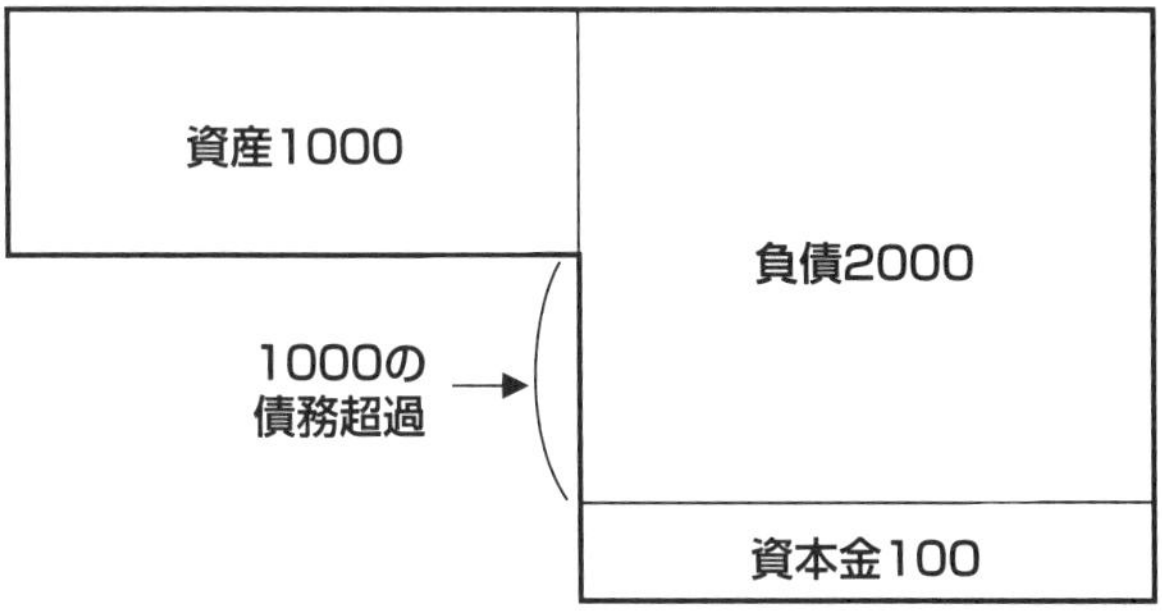

般に共通している特性は何か？

自分の会社の決算書、試算表を見てない、信じてない、ってことじゃないですか。よくいう同業他社比較なんかも、時々気にはなるんですが、まあ、本心はどうでもいいでしょう。

なぜか？

なぜ中小企業の経営者にそういうタイプが多いのか？

経理が苦手？

まあそれもあるでしょうが。

中小企業の経費で一番大きいのは、ウエートが高いのはなんだと思いますか？

人件費ですよね。つまり、給料や社会保険料などのこと。ではその中で一番大きいのは…はい、社長の給料ですよね。あと、社長の家族親類縁者含めて、役員報酬というんです。これですよね、一番大きい経費は。

で、その社長の給料を決めるのは誰ですか？税務署？いえいえ。顧問税理士さん？まあ参考意見くらいは言ってくれるでしょうが。

社長の給料決めるのは、社長自身ですよ。もちろん、妻や子が自分の会社で働いてればもちろんそれもすべて社長が決める。

ちなみに、商法上は役員報酬の総額の限度は、取締役会で決定することにはなってます。その決定は、年度初めの定時株主総会の時期までに、と。

念のため、社長の家族の場合は、商法上の役員でなくても、税務署は役員とみなしますから。これを「みなし役員」というのです。

社長の給料

前章から登場してもらってる旅館の社長さん、もし社長の給料が（その家族を含めて）月一〇〇万円もとってるとしたら、皆さん、どう思います？どう感じます？

たとえば、年商一億円の会社がありました。業種とか借金とかはさておき、今期五〇〇万円の赤字決算でした。減価償却とか特殊事情はありません。現金商売としましょう。

社長の給料の年額は一二〇〇万でした。

そういう決算書、もしあなたが見て何かの判断・分析をするとしたらどう思います？

もし銀行員だったとしたら、融資はどうでしょう？いくらまでならＯＫします？

赤字五〇〇万でどうやって給料一二〇〇万もとれたんだ!って真っ先に思いますよね?

そんなバカな話あるか!

もちろん、社長の給料全部はとれてるはずはありません。五〇〇万の赤字ということは、五カ月分の給料に相当しますね。

どういう経理処理がなされたか?おそらく社長への未払給料として貸借対照表の負債の部に未払い金もしくは未払い費用として計上されるのではないでしょうか。

なかには、その処理をとばして、いきなり社長が会社へお金を貸して(役員借入金)、社長自身が給料をとったことにして、負債の部に長期借入れもしくは短期借入金として計上されてるかもしれませんね。

この経理処理の話は慣れないと実感できないでしょうね。どっちにしても赤字五〇〇万だったら、いくら社長でも自分の給料一二〇〇万もとれませんよ。お金ないんだから、五ヵ月分の給料は未払いにきまってます。

じゃあ、ならば、社長の給料七〇〇万でいいじゃん!とれない分はカット!なし!

それでいいでしょ、自分の会社なんだからさー!…とはいかないんですよ、会社と名乗った以上はね。

それがしたいのなら、そういうのが望ましいなら、個人事業主のままでいなさい、って話になっちゃうんですよ。一年商売をして、残った分があなたの儲け。税務署用語で所得、っていいますけど（厳密には所得計算はもっと複雑ですが）。

たとえ資本金が一円だろうが、父ちゃんと母ちゃんの二人きりでやってる、あるいは気楽な独身オレひとり！でやってる会社であっても会社は会社。商法や税法のとおり、社会保険にも加入してやらなければいけません。

たとえ、未払い給料が五ヵ月分あったにしても、源泉所得税も払わなければいけませんし、社会保険もしかりです。

一二〇〇万の給料だったら、社会保険の個人負担と源泉所得税、いったいいくらになるでしょうね。

で、決算申告の際には、税理士さんと今期から役員報酬下げましょう、って議事録を作ることになるわけです。

あ～あ、月額一〇〇万なんかに設定するんじゃなかった…ってね。

でもさ、七ヵ月分の役員報酬はとれたんだよね。それって七〇〇万ですよ。十分だとは思いませんか？もちろん家族構成やら生活水準そのものにもよりますが。サラリーマンの皆さん、七〇〇万の年額給料の手取りっていくら？
十分、やってけますよね！

「赤字で何が悪い！」と社長が考える！

71ページの例に戻りましょうか。あなたが社長だったら、どう思います？赤字決算を気にしますか？しませんでしょ。後悔するのは払いすぎた源泉所得税と社会保険くらいのもんじゃありませんか？

まあ、赤字は来年に繰り越せるから、とりあえず給料を下げて、もし来年儲かったら未払い給料取り返そう…くらいにしか思いませんでしょ。

あ、払った源泉所得税は取り返せませんが、会社としての赤字は来年に持ち越せますので、給料を五〇〇万に下げたことによって幸か不幸か会社が儲かった場合、五〇〇万までは法人税がかかりません。これを繰越欠損、通称クリケツといって有効期間は七年です。

あらら、またまた話がややこしくなりましたね。ちなみに個人事業の場合、七〇〇

「クリケツ」とは？

「クリケツ」とは、繰越欠損金の略称です。繰越欠損金とは、赤字を出した年度の赤字分を、利益の出た年度の利益から引くことができる金額です。たとえば、今年度の利益が100万円、昨年度の赤字が50万円であれば、今年度の法人税は50万円に対して課税されます。

ちなみに、クリケツは7年前までさかのぼれます。

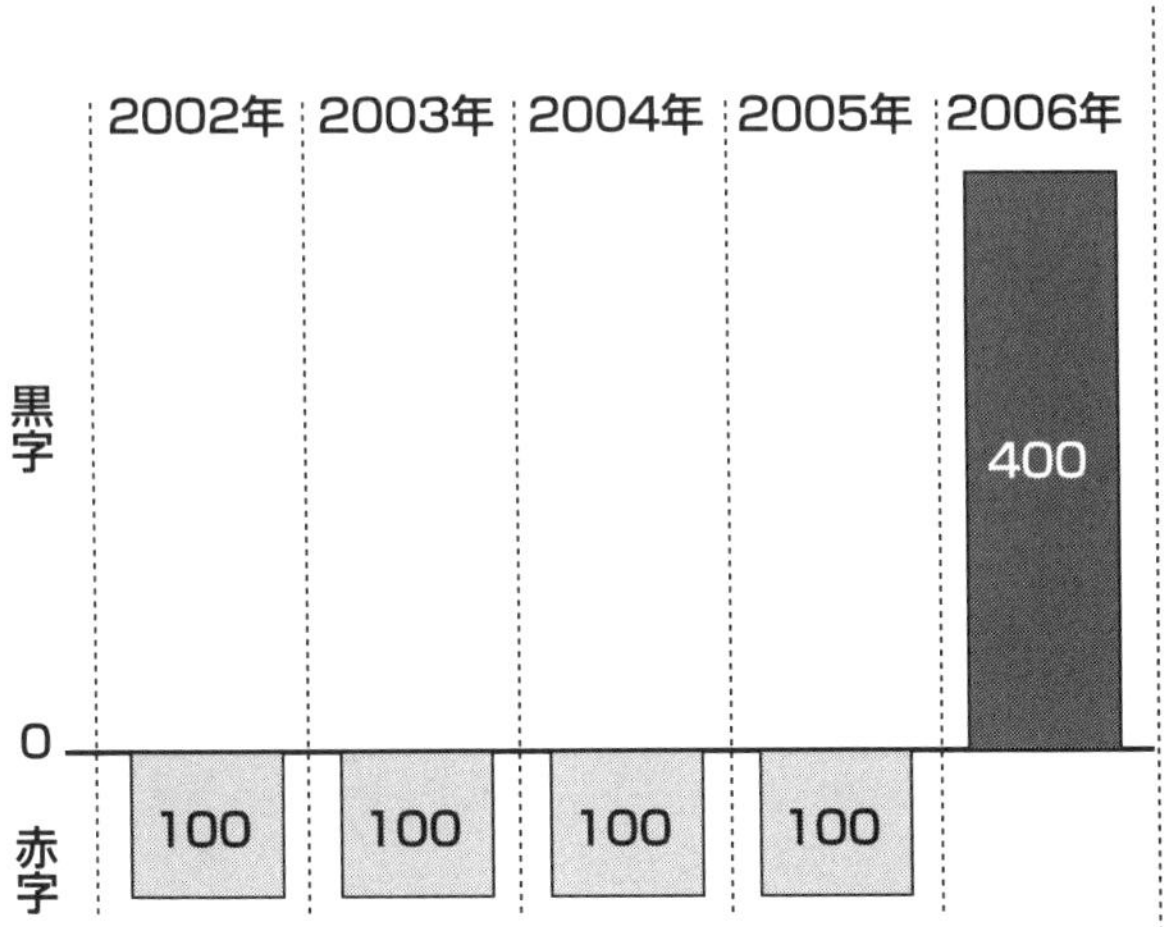

この場合、2006年に税金はかからない!

万の事業主所得ということで赤字にはなりませんのであしからず。

ほら、決算書を見る側になってみてくださいよ。会社だと赤字五〇〇万、個人事業だったら七〇〇万の所得…あなたが銀行員だったらどう思います？

経営者だったら、どっち選びます？

いったい中小企業の決算書って何なの？

これが、中小企業経営、決算の実態の入り口です。

え！これが入り口なのかよ？

そうですよ、まだまだ初歩の初歩ですよ。どんなに簿記や会計、決算書の見方を学んだところで中小企業の決算書の見方なんてそうそう身につきませんって。

中小企業、なかでも家族経営規模のところに赤字決算が多い代表的理由かつ表面的理由はその役員報酬にあり！ってことですね。ひとことでいえば。

中小企業に赤字倒産もない、といわれるのも同じ理由です。

どうしてか？

とれない自分の給料はどんどん下げていけばいいじゃないですか。いったいどこまで下げたら暮らせなくなりますかね。

独身だったらば？夫婦ふたりなら？家族四人だったら？もし社長の奥さんが別のところで働いてて給料があったら？子供も大きくなって学校も卒業して就職してたら？

こうして考えたら、中小企業の経営者って、中小企業の決算書って、なんなんでしょうね？**赤字でもベンツに乗れちゃうしー。**だって経費で落ちるんだもーん。買い方によっては決算書では目立たないようにできるのが会社経営だしー。本当に不思議だなー。

ちなみに、会社経営者の給料が同じ金額のサラリーマンの給料より実質的に多い（多く感じられる）ことを実質給与といいます（当たり前じゃいサラリーマンは車は経費にならん！）。

また、会社経営者の家族の収入まで加味することを、金融機関の用語で実同体収支といいます。

カンタンに言うとですよ、会社は赤字で給料も満額取れてないようだけど、奥さん（または家族）も働いているしだいじょうぶなんじゃないの？これくらいだったら融資してもいいんじゃないの、ってことですよ。

私の仕事

ところで、この旅館の話が出てきたので、私の仕事について触れておきます。私は資金繰りコンサルタントをやっていて、この旅館みたいなところ、つまり借金で大変なところにアドバイスする仕事をやってます。

資金繰りの相談といっても、大まかに言えば三つのことである。まず**①銀行対策**、次に**②経費関係の見直し**、そして**③売上アップ**の順番になる。

すぐに③にいきたいところだし、売上増大のみで解決したいところなのだが、①の返済が大きすぎればいくら売上があったところで足りはしない。どころかますます資金繰りが悪化することだってありうる。

②の経費の見直し、つまり削減、リストラとか言われているヤツだ。これは手っ取り早い。素人でも口出しできる。とはいっても、いざ具体的にとなるとなかなかそうはいかない。

が、私の場合は、どんどん具体的に突っ込んでいく。そもそも決算書や試算表からだけじゃ実際のところはわからない。

直接、会計データを見て、領収書や請求書を見て、いろんな契約書を見て、それで削れるかどうかを、あるいはどのタイミングで削るかを考えていくのだが…。

「ウチの会計ソフトは○△□なんですけど…」

会計ソフトなんてどれでも同じだし、かまいませんよ。どんな会計ソフトであろうが、借り方は借り方だし、試算表にしたって縦か横かの違いだけ。現金から始まるのは同じですから。

それよりも、この、雑費の中の、○○動物病院っていうのはなんですか？年間五〇万くらいなってますけど。

「ああ、ほら、ここにいるじゃないですか」

はあ？この犬？猫？そういえば、ここの旅館は玄関先から犬やら猫やら何匹もいるなーとは思っていたけど。

「ウチはペットOKの旅館なんです。それをウリにもしてますし、ホームページにも載せてますよ。もうマスコットみたいなもんです」

ペットOKの旅館かー。それは確かに、ウリになるかもなー。そうなると、ペットの存在が十分売上にも貢献してるってわけだ。

「もう立派にウチの社員みたいなもんですよ」

じゃあ、削るに削れないから、ペットの動物病院代は、福利厚生費にしましょう！

経費もいい加減

なんですか、このタイヤ代三〇万って？

次に見てた勘定科目は車輛費だ。ここの旅館の女将さんがベンツのクーペ、社長がクラウンに乗っている。

そのほかに、お客さんを送迎するワンボックスからマイクロバスまで、やたらと車輛費の金額が多い。

「なにって、ほら、クラウンの、ホイール」

んあ？なんか純正タイヤじゃないなーと思ったら、あれか。あれ、インチアップしてるのよね？ていうか、ホイールのメーカーは○△□だよね。

「やっぱりほら、見栄えって大事じゃないですか」

　そうだけどさー、タイヤ代ってなってるけど、ノーマルタイヤのまま乗れるのをわざわざ取り替えたとなるとなー…。まあ別にオレは税務署でもないし税理士事務所でもないからいいけどさー。本当は、車輌運搬具として減価償却の対象じゃないのかなー。

「あ、忘れてました！パンクですパンク。それでホイールまでいっちゃって…。まさか一本だけ違うホイールってわけにいかないじゃないですか」

　ま、そう言われたらね。パンクは故障、それでも修繕費か？修繕費でも金額によっては減価償却の対象になるけどさー。

　車の部品は微妙だもんな。壊れたから交換したのか、自主的に交換したのか、板金でもない限り車屋さんの請求書だけじゃよくわからんし。

「ま、ほら、ウチ、どうせクリケツたくさんあるから、どうせ税務署こないでしょ？」

　いやべつに私はいいですけどね。ところで税理士さんは何も言わないの？

「あ、ウチは決算だけですから！」

第3章　なぜ、イケイケの会社が倒産してしまうのか？

～「資金繰り」と「決算書」の話　その二～

イケイケ会社登場！

「あ、どうも、○○総研の△△です」

いきなり超ビッグメジャーコンサルタント会社のご登場だよ。しかもそこのナンバーワンを名乗るコンサルがここの会社担当かよ。
○○総研ってあれだろ、あのいまは気のいいじいさんみたいな超ビッグ。っていうか、なんでそんなコンサル会社がここの会社にいるわけ？
「うち、もう何年も前から、△△さんにはお世話になってんです」

と、わずか創業数年で年商一五億円の工務店を作り上げたW社長は続ける。この本みてください。ここのページに出ているの、ウチです。そういって差し出したのは、その△△さんが出した成功事例満載の著書だった。

「はあ、はじめまして、コザカイと申します…」

おずおずと私は自分の名刺を取り出した。私の名刺には、私の著書の表紙がカラーで印刷されている。一目でその内容が、経営者であるならば、ズキっとするようなタイトルが多いのが私の著書だ。

売上伸ばすナンバーワンコンサルと借金コンサルが同じ会社でご対面だ。じゃあ△△さん、とW社長は言いながら、私は社長に続いて会議室を出て、社長室でW社長と向き合った。

「ウチは銀行、無理っすよ！このあいだ断られましたから！あいつら頭きますよね。ちょっと赤字だしたぐらいでガタガタ騒ぎやがって。この間まで借りてくれ借りてくれってさんざん言ってたくせに！」

ほうらでた。イケイケドンドン急成長ワンマン社長のお出ましだい！

金は銀行から引っ張るもの！

話はその三週間前にさかのぼる。

「どうその会社の決算書は」

若手マーケティングコンサルタントは私に向かって言った。なんとかなる？

「いくのはいいっすけど、せっかくのご紹介ですから、そりゃ是非もなく関与しますよ。でも、はたして、この社長、聞く耳もつかどうか…」

私の目の前には、年商一五億円の工務店の決算書、いわゆる貸借対照表、損益計算書、販売費及び管理費、そして製造原価報告書の四枚が並んでた。

直前期の損益計算書は一億円の赤字を計上していた。創業七年、初の赤字計上で、資本金二〇〇〇万の会社は一気に債務超過に転落だ。

そのわりに借入金の残高は五〇〇〇万を超すくらいで、この規模にしては少ないくらいではないか。

「銀行に融資断られて、僕のところへなんとかならないか、ってこられて困っちゃってさー。それでコザカイさんを思いだしたってわけ」

行くところが間違ってる。銀行に融資を断られて、なんでマーケッターを自称するコンサルタントのところへ相談にいくわけ?

医者にそれぞれ診療科目があるように、コンサルにだってそれぞれ得意分野があるだろうに。歯医者にいって目が痛いっていうようなもんだ。

「決算書」とは？

決算書とは、会社のお金の使い道を集計し一覧表にまとめたものです。つまり、どれだけ儲けたか、会社の経営状態がどうなっているのかを示すのが決算書です。会社の利益は本来、会社ができてからなくなるまでで計算されるべきですが、それではいつまでも会社の利益を確定できません。そこで、通常は決算日を設け、１年ごとに期間を区切って作成されています。決算書の主な書類として、貸借対照表や損益計算書があります。

＜決算書の種類＞

損益計算表（P/L）

１会計期間の損益を示したもの

貸借対照表（B/S）

決算日時点の財政状態を示したもの

キャッシュフロー計算書（C/F）

１会計期間のキャッシュの出入りを示したもの

いくらコンサルタントの看板に得意分野が書いてないっていってもわかるだろうに。いくらマーケッターだって、赤字一億だしたからなんとかしてくれって言われてもなー。ん？なんとか…なんとかってまさか…

「そうなんだよ、貸してくれないか、もしくは借りられるところ紹介してくれないかって言われちゃってさー」

おいおい…。なんともストレートなリクエストでわかりやすいよねー。銀行に断られた、さあどうしよう。当然この規模の会社なら数百万単位の話じゃないだろう。一億もの赤字決算出した直後だ。五〇〇〇万単位の話か。

「三〇〇〇万なんとかしないと倒産なんだって」

どっからきたんだその数字は。未払工事代金だって一ヵ月相当の八〇〇〇万あるじゃないか。五〇〇〇万じゃ多すぎるし一〇〇〇万じゃ少なすぎる、そんなところから出た三〇〇〇万の融資斡旋依頼じゃないかー。

だいじょうぶです。支払手形はきってないようなので、不渡り倒産はありませんから！

どうするかって？

そりゃ銀行からひっぱるに決まってますよ。いちど断られた？

そりゃこの赤字決算見たら、どんな銀行員だって一回は断りますよ！

そこであきらめちゃ経営者はだめでしょう。

なぜ、今…

まず最初にW社長に聞いてたのは、一億の赤字のうち、七〇〇〇万の固定資産除却損のことだ。損益計算書の下のほう、特別損失のところに七〇〇〇万の損失が目立つ。いったい何を、どの資産を廃棄したというのだ。

「コンピューターシステムとか古いパソコンとか…そのほかにも使ってない備品関係やらなにやら全部決算書から落としてやりましたよ」

それにしても、なぜいまになって、わざわざ目に見えない形があってないようなシステムを除却したんだ？

「いや、いままでぜんぜんこういう財務に関心がなくて。ちょっとやばいなーと思って勉強に行ったんですよ。そこのコンサルに決算書見てもらったら、稼動してない資産が目立ちますね。除却して本来の貸借対照表の姿に戻しましょう、って…」

まっすぐに私を見つめる視線は、何か間違ってるとでもいうのか、と言わんばかりだ。確かにそのコンサルタントの言うことは間違ってない。まさに、経営を合理化しようっていう前提に立つならば、稼動していない不要な資産は除去しなければ貸借対照表は経営の姿を正しく反映しないことになる。

しかし、そっちのコンサル、こっちのコンサルとまあ…しかも有名どころがゾロゾロでてくる。

それよりも、借入れの内訳書だ。決算書の付属資料の内訳明細書の一一番を見て、どこの銀行なのかを確かめなけりゃいけない。

オーマイガ！

ここの地元銀行が一行だけだ。年商一五億の会社で都銀すらなく地銀の一行取引だ。これじゃメインバンクもサブもないじゃないかー。

さあ、どうする、逃げ場がないぞー。

イケイケ社長、銀行へ！

地元銀行との一行取引。急成長会社にありがちなことだ。かといって、事業規模の拡大に比例して取引銀行が片手で数えられなくなるのも考え物だが、それにしても年商一五億にもなろうかというのに、上場すら視野にいれていたというのに会社の目の前の地銀だけとは。

「だってさー、銀行から借りる必要なかったんだから。どうでもいいじゃん銀行なんて。取引銀行で売上増えるわけじゃないし」

まさにおっしゃるとおりです。数年間で一〇億を超すところまできたんですし…。まして工務店とはいえ一棟建てはやってない。つまり、内装関係など短期の工事主体でやってるわけだから、仕掛かり工事などもそう抱えていない。

決算書の未成工事支出金の項目を見ても、せいぜい半月分くらいの残高しかない。

完成工事未収金は一ヵ月どころか月商の一週間程度だ。

小売業などであれば在庫や売掛金といった負担が、建設関係であればいまいった二つの勘定科目に相当する。これらの金額が大きければ大きいほど、会社としては資金負担が増大する。つまり、年商が大きくなればなるほど、銀行借入の必要性というのが嫌でも高まってくる。

W社の場合、もうひとつ特性がある。工事の前受け金だ。お客さんから工事を受注する際にいただく手付金のこと。正式な科目名称は未成工事前受金。W社の場合は、請負工事金額の二割を契約と同時に受領するらしい。

つまり、宣伝広告などで工事の契約を集めれば集めるほど、すぐにその二割のお金が入ってくる仕組みになっている。

それら行った工事にかかる原価の支払い、その材料費や外注費といったものは、当然、翌月や翌々月の支払いになっている。決算書の貸借対照表の負債の部に、材料費は買掛金、外注費は工事未払い金として計上されている。

これでは、運転資金の必要性もないだろう。

通常であるならば、事業規模の拡大とともに、俗に言う売れば売るほど金が足りなくなる、いわゆる銀行用語でいうところの増加運転資金の必要性が、このW社では一切ない。

つまり、W社は売上代金が先に入る仕組みなのである。

だから、銀行のことなんて、どうだっていいのであった。

売上の伸びが止まるまでは…。

会計は「発生主義」だから…

「もうね、何言われてるかさっぱりわかんないっすね！オレだめなんすよねー、こういう簿記とか経理とかって。何回聞いてもわかんない。もう経理担当とか税理士とかにも何言われてるのかさっぱり」

そうなのよね。正しく話そうとすればするほど難しそうな会計用語がでてくる。いや、用語自体はなんとなく理解できるだろう。完成工事売上、そら出来上がった工事の売上のことだろうし、その代金でまだもらってないのが完成工事未収金だ。

工事の契約をしただけでは売上ではないのだから、その契約の際にもらったお金は

「発生主義」とは？

発生主義とは、物の売買などの経済的事実が発生した段階で帳簿に記入するものです。たとえば、物が売れて支払いが１カ月先の場合でも、売れた時点で売上に計上することをいいます。支払いが「売り掛け」（→59ページ）、「手形」（→57ページ）であれば、実際に現金が入ってくるまでに時間がかかりますが、入金時ではなく売上時に売上が計上されるので、現金はないのに利益が出ているという状態になる場合もあります。

発生主義の反対は現金主義で、現金の出入りがあった時点で計上することをいいます。

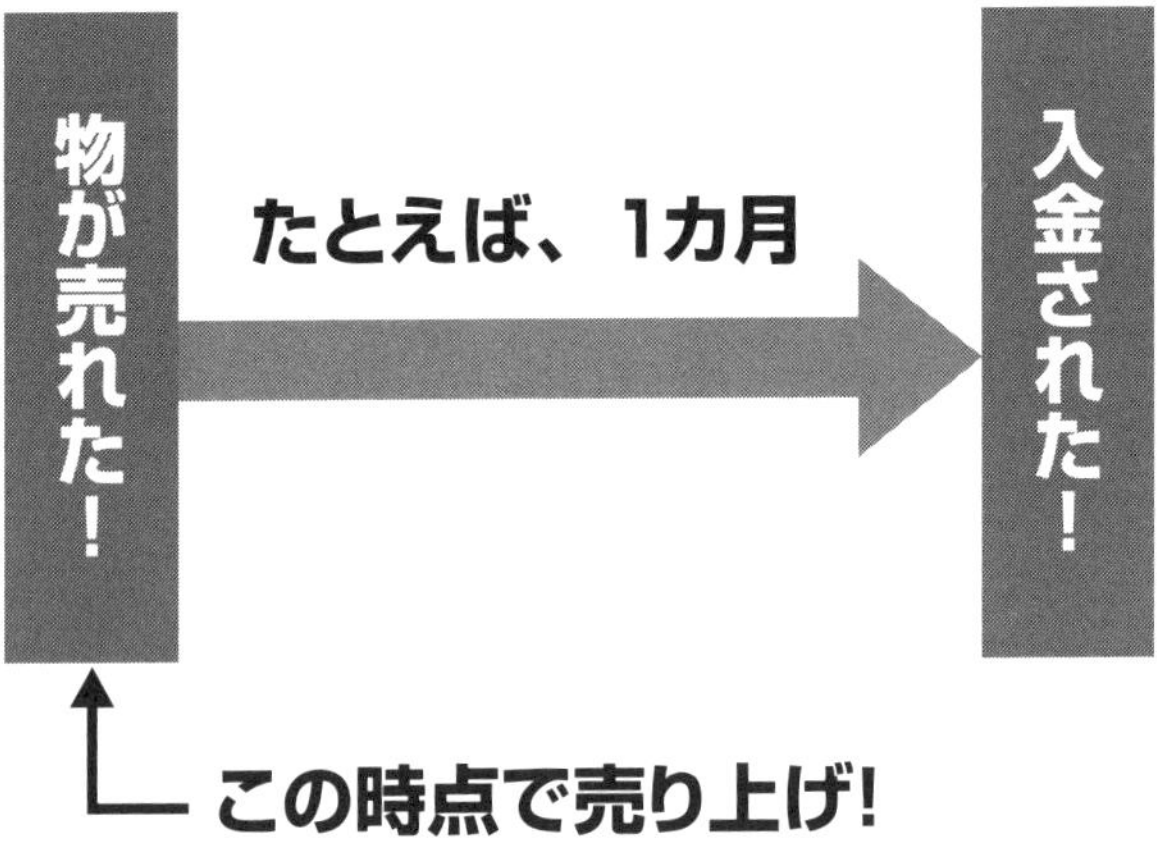

よくいう手付金、つまり前金だ。だから、未成工事（まだ終わってない工事）前受金というわけだ。

とすると、未成工事支出金というのは、まだ終わってない工事、契約を請けて現在工事中に支出したお金、つまり工事中の現場にかかった材料費のことなどをいう。

しかし、儲かっているか損しているのか、お金の出し入れだけではわからない。

「このね、借り方、貸し方ってなんすかね。なんべんやってもわからない。もう、この数字のケタの多さ。目がチカチカしますよね。だからオレは、いつも損益計算のほうしか見ないんです。とにかく利益を出すしかない、って」

そうなのよね。損益計算書のほうは、借り方と貸し方の両側に数字が入ることはないからね。売った金額は右側だし、かかった費用は左側にしかこない。仮にあったとすればそれは訂正か何かだろう。

「そうやって（業績を）伸ばしてきたんだけどなー」

決してまちがいではないよ。損益計算書重視であってもね。でもさ、ならば、なぜ試算表でも決算書でも損益計算書がいの一番にこないのかな。どんな書式であっても必ず貸借対照表が一番先にくるのはなぜ？

中小企業の決算書の読み方

貸借対照表が損益計算書より先にでてくるのは、前者のほうが大切だからにほかならない。それも、大事な順番に並んでいると思っていいだろう。

貸借対照表の中でも一番先に出てくるのは何？「現金」でしょ。次は？「預金」じゃないですか。ここで流動性の高い順番に並んでます、なんていうようじゃまだまだだな。

これら、財産（資産）と負債（借金）が増えたのか減ったのか、いくらになったのかが大事なわけですよ。売った買った（費用）というのはその過程でしかない。しかも現金商売でもない限り、損益計算のとおりにお金が動くことはまずない。損益計算はあくまでもお金が動くこととなった原因のひとつにすぎないわけだ。

とくにかかった費用、当の経営者本人からすれば必要経費とおもいたくなるようなモノほど損益計算では費用とされていなかったりする。費用にならない代表が借入金返済の元金だろうか。

「確かに金はあったんですよ。そりゃ何千万も法人税払った年はなかったけど、それ

「貸借対照表」とは？

貸借対照表とは、決算日時点で会社がどのような財産を保有しているか、つまり会社の財政状態を示すものです。これに対し、損益計算書は会計期間内にどの程度の利益（または損失）が出たかを示すものです。会社の活動は、利益（または損失）がどれだけあり、どのようにして出たのかという損益計算書と、その結果として会社の財政がどのような状態になっているのかという貸借対照表で報告されます。

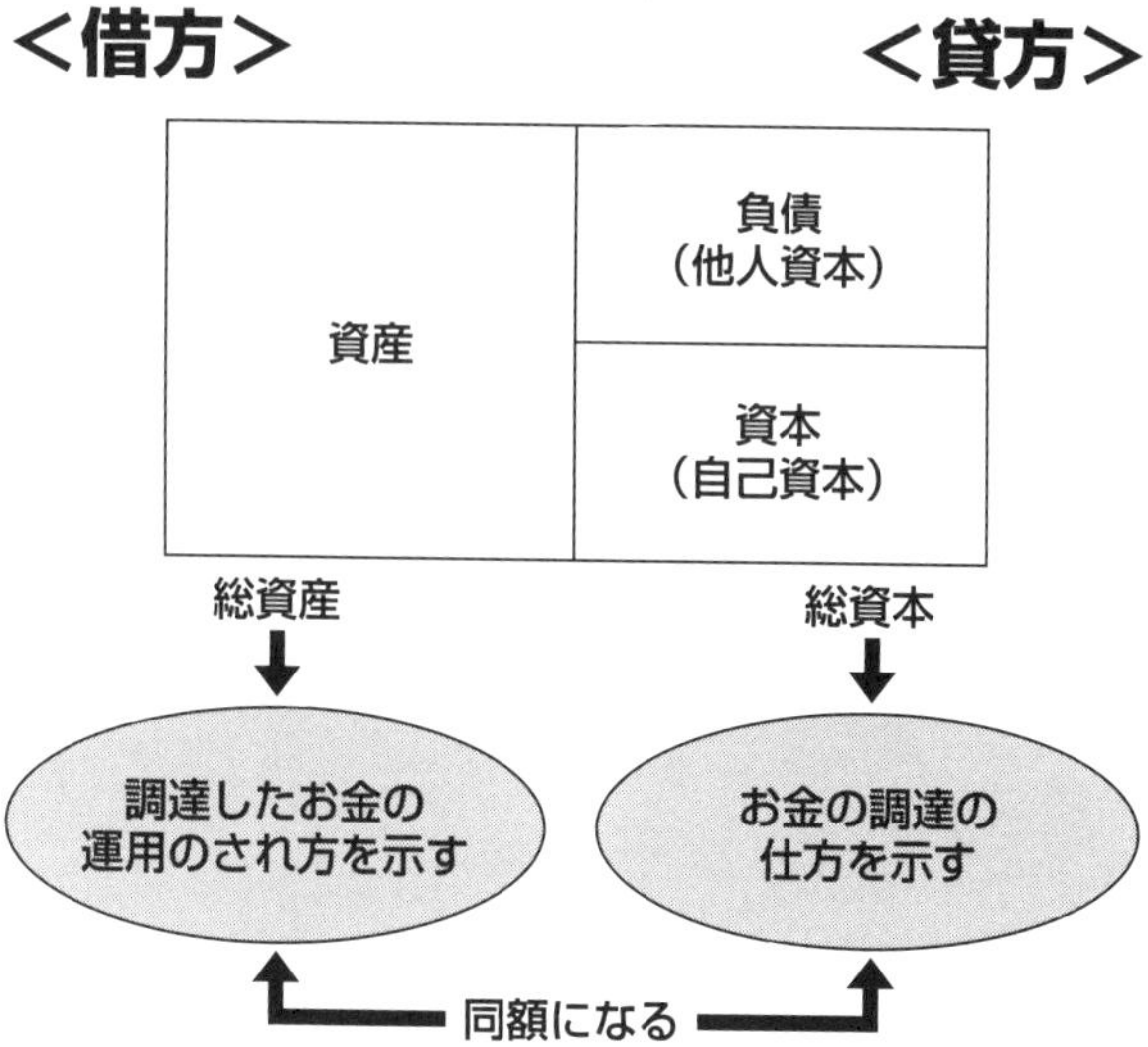

なりに利益も出ていたし」

確かに利益はでていただろう。決算書の資本の部を見れば過去の利益は一目瞭然。W社の場合は創業からで三〇〇〇万とでている。それが前期で一億の赤字を出したので一気に債務超過になったのだが。

三〇〇〇万の過去からの繰越利益が大きいかどうかはさておき、繰越利益が三〇〇〇万ということは、自力で稼いだお金が創業からのトータルで三〇〇〇万ということだ。それも利益がすべてキャッシュで残せていればこその三〇〇〇万。おわかりいただけますか？

資本金以外で自力で増やせたのは三〇〇〇万だけなんですよ。ということは、それ以外に増えている資産はどうやって増やしたの？そりゃ借りて増やしたしかないじゃないですか。

では、なぜW社は常にお金があったのか？

それはこの負債の部に載っている買掛金と工事未払い金、そして未成工事受け入れ金のおかげにほかならない。

W社の場合、終わった工事代金（完成工事未収金）はわずか一〇〇〇万ほどしかない。月商一億からすれば小さいほうだろう。ほぼ現金商売に近いといってもいい。それに対して払ってない材料費や未払い金・前受け金は八〇〇〇万ほどになる。

ということは、ほぼ月末にそれ相当のお金が残っていたといえるだろう。

未成工事支出金もあるじゃないか、と言われそうである。それはあくまでも材料や外注を注文した中で、まだ工事中にかかっている分の数字を拾い上げ、一時工事が終わるまで置いておく仮の入れ物（勘定科目）でしかない。

お金の動きの発生のモトにはなったが、今現在のあるなしとは直接関係がない。

よって、W社がこれまで常にお金に不自由なくいられたのは、儲かっていたからではないのである。これらの仕組みによってお金が常に残るようになっていたのである。

そして売上が増えれば増えるほど、一時的に残るお金の残高は増えていくことになったわけだ。

「やっぱり儲かってなかったんだ！」

「設備投資」のお金はどこからくるのか？

どうしても儲かってたか否かで白黒をつけたいようだ、このW社長は。W社の場合は、儲かった以上にお金が会社に残る仕組みになっていたのである。それも売上を伸ばせば伸ばすほど（受注をとればとるほど）会社の預金残高が増えていく。

ではなぜお金がなくなってしまったかをひと言でいうと、使ってしまったから。何に？設備投資に使ってしまっていたのである。前期の決算で除却損で処理した設備投資、それを自己資金で行っていたわけである。

もちろん、一度に七〇〇〇万もの設備投資を行ったわけではない。何年かにわたって行ったことであるし、除却損が七〇〇〇万ということは減価償却する前、つまり取得した値段はそれ以上になる。

結果として、ここ何年かの貸借対照表を見ると、長期借入金残高は五〇〇〇万程度で推移しているので（おそらく借り換えを繰り返している）、仮に除却前に一億の設備投資を行っていたとすれば、自己資金で五〇〇〇万、借入れで五〇〇〇万ということになる。

貸借対照表の固定資産の残高と長期負債（借入れ）の残高を比べてみて、長期負債のほうが少なければ、その差額は手持ち金（自己資金）から行ったことになってしまうわけである。

おまけに売掛金や在庫が少なくて、それ以上に買掛金や未払い金などの流動負債が多くなれば、**本来仕入先に払うべきお金で設備投資をしてしまい、結果、仕入先に払うお金がなくなってしまったということになってしまう。**

設備投資は借金で

売った代金はすぐに回収して手元の預金残高となり、払うほうは翌月か翌々月、さらに受注を増やせば増やすほど前金として入ってますます預金残高は増える。損益計算書を見れば、利益はそれなりに出ている…だから設備投資を手元の金でやってしまった…終わってしまったことを解説してみればそういうことになる。

ではどうしたらよかったのか？

設備投資の分は、銀行からお金を借りて行えばよかったのである。なぜそうしなかったのか？設備投資の融資審査は時間がかかる。**つまり、めんどうだし、うるさい。**それをこのW社長は嫌った。

でも、設備資金を手元資金から行うと、資金繰りが忙しくなるから、後日、銀行から運転資金として融資は受けた。運転資金であれば、使い道であれこれ詮索されることもないし、設備計画だのもいらない、審査期間も短い。

ところが、運転資金の融資は返済期間も短いのである。そうすると、毎月の返済額も必然大きくなる。五〇〇〇万を五年で借りたら年間一〇〇〇万の元金返済だ。

毎年、減価償却費と税引き後利益が一〇〇〇万以上あってはじめて返済が可能な金額である。

設備を自己資金で行ったこと、あとから借りたものの投資額の半分でしかも五年という短い期間。

さらに、売上の伸びが止まったため、いままで気が付くことがなかった変化が現れた。

そう、業種特有の季節による売上の落ち込みだ。

「なんすか？季節変動って？」

昔からいうじゃない、ニッパチ（二月と八月）は景気が悪い、って。業種によって違いはあるだろうけど、売上がふだんより落ち込む月のことですよ。

「ないっすね、ウチは。なかったすよ。前月より悪いな、って月はあっても、季節によって感じたことはないですね」

そりゃね、売上をさ、毎年前年対比二桁アップをやってたらさ、季節変動を感じることはないんじゃないの？つまり、いままで過去に前年より売上ダウンしたことなかったんだから。今期がはじめて前年比足踏み状態じゃないの？

よーく、売上の推移を落ち着いてみればさ、夏場と冬場はいかに前年比アップをしていた年でもさ、通年を通してみれば、落ち込んでいるじゃないの。

こうして伸びが止まってしまってみるとさ、前年並みということになってしまってみると、モロに、その落ち込みが入金の落ち込みになってるよね。

売った金は先に使ってしまって手元にないから、支払いをする月の売上が下がると払うに払えない…それを季節変動っていうんですよ。

「ふーん…」

どうも納得しないようである。もともと売上代金が先に入る仕組みなので、手元のお金で投資などしなければ、少しぐらいの季節による落ち込みはカバーできたであろうに。

「じゃあ、具体的にどうするんですか？」

終わった結果をいまさらいってもしようがありません。買った設備投資のお金を買ったあとから設備融資の申し込みはできません。かといって、追加の運転資金を申し込むのにも、赤字決算を出した後では、赤字資金融資になってしまいこれもだめ。資金繰り表出して、季節資金で三ヵ月で申し込みしてみましょう。

「ですかそれで？銀行には一回断られたんですよ」

イケイケできた社長だからなー。よほど断られたのが面白くないらしい。

もう三ヵ月もたってるし、ちょうどW社はいまがその季節の落ち込みの時期。前回とは申し込みの内容が違いますから。

幸い、前期の赤字一億ですけど、七〇〇〇万は除却損でお金の出て行かない赤字、残りの三〇〇〇万は未成工事支出金の減少の赤字ですね。小売業でいうところの在庫の減少みたいなもんで、これもお金は出ていかない赤字です。

で、その前々期より三〇〇〇万も減って四〇〇〇万になった未成工事支出金ですが、完成工事売上は前々期と同じなのに、ずいぶん減ったものですね。

「ああ…それ…」

ああ…?…さては、のっけてたな、やってたでしょ、粉飾。

第4章　なぜ、借金社長は税金を払いたがるのか？
～「粉飾決算」の話～

これは粉飾か？

それにしても、前章から登場のW社はまだ前年並みの売上を推移してたからまだいいものの、これが前年から一割も二割も売上が下がったら、それこそあっという間に資金ショートするところだった。

年商一五億で一億の赤字。壊滅的な数字といってもいい。これが年商一億五〇〇〇万で一〇〇〇万の赤字だと印象も違ってくるが。

なぜなら、その赤字の穴埋めに必要とされる資金の金額が、その一〇分の一になるから、個人的ながんばりでなんとかならない金額でもない。とはいえ、それはそれで、それゆえ悩ましいことにもなるのだが。

でも、よくよく決算書を見るとなんかおかしい。

「のせてました。七〇〇〇万はウソです」

えっ？のせてた？

よくよく聞くと「未成工事支出金」（小売業でいうところの在庫のようなもの）を七〇〇〇万円にしておいて、利益を大きくしていたらしい。

利益を大きくする粉飾は怒られない？

なんとまぁ、いい加減なことをやってるのかと憤っている読者の方もいるでしょう。はたしてそんな行為が許されるのか、と。

いったい、税理士や公認会計士は何をやってるのか、と思ってる方はいませんか？税務署は、そんな会社の決算書の申告を受け付けているのか！とか。

良いか悪いかを言ったら悪いにきまってるじゃありませんか！

わたくし、読者の方や、わたしのホームページをご覧になった方から電話やメールで質問をいただくことがあります。『粉飾バンザイ！』なんて本を書いたこともありますので。

「こんなこと（粉飾）して…いいんでしょうか…」

悪いにきまってますよ、とお答えしますが。

さすがに、なぜいけないんだ？っていう質問はありませんが。

じゃあ、税理士さんはどういう役割をしているかというと、乱暴にいうと、税理士さんは税金の計算をする専門家。税金の計算を正しく計算し税務署に届けるのが役目です。もちろんそれだけではありませんが、それがいの一番。

じゃあ、税務署。税務署も、極端に言えば、税金がきちんと申告され納付されてればいい。

利益を少なく見せる行為（脱税）には当然うるさいですが、粉飾決算はその逆でしょ？

わざわざ、少ない利益（あるいは赤字）を大きくみせて、場合によったら払わなくてもいい税金を払ってくれる行為が粉飾ですから。歓迎こそしないでしょうが拒否はしないでしょう。

だいたい、決算書を見ただけでは、おかしいなーとは思うかもしれませんが、ウソかホントかは誰にもいいきれません。

そもそも、税務署に提出するのは、いわゆる決算書（貸借対照表・損益計算書など）数枚と、その主な科目の抜粋を記載した内訳書と呼ばれているもの数枚だけ。

それだけですから。良くも悪くも、ウソかホントかはわかりませんって。この決算書、**うそ臭いからやり直して！**なんて言われませんよ。

じゃあ、何をやってもいいのか？

じゃあ、公認会計士さんはなんぞや？よく上場企業などの粉飾決算がニュースになると、公認会計士さんの存在がクローズアップされます。

その公認会計士さんこそ、決算が正しいかどうかを判断する番人みたいな存在でしょうか。上場企業は必ず公認会計士さんの監査を受けることが法律で義務付けられてます。

でも、中小企業の場合は、そういう義務はありません。よって、中小企業は公認会計士さんの監査を受けずに税理士さんに決算申告をしてもらってるわけです。なかには税理士さんにも頼まず、自社でやってる中小企業だっています。

そんなことが許されるのか？

いや、べつに、社内に税務申告書を書ける人がいるならばそれでＯＫでしょう。もし間違って申告書を書いたのなら、ちゃんと税務署から連絡きますから。

たとえば、消費税を五パーセントで計算するところ三パーセントで計算して申告なんかしたら、すぐ電話かかってきますって。

なにがなんでも黒字にしたい借金経営

それにしても、なにゆえ、偽ってまで赤字を黒字に見せたいのか？

事業をやってる人であれば、誰だって損をしようと思ってやってる人はいない。好き好んで赤字を出す人はいないだろうに。あ、そんなことはないかもしれないが、それはまた別の章でふれるとして。

なにゆえ、粉飾決算をするか？

理由はたったひとつ、銀行から融資を受けるため、ただその一点である。

ただし、その事業規模が大きくなるにつれ、その理由は増えていく。上場企業であれば株主対策ということだろうし、そうでなくても、自社の決算を外部に公表するようになってくると、そりゃ赤字を出しちゃ世間体が悪い。

かっこよく言えば、会社の信用にかかわる。そもそも、社長として、自分のメンツが立たない。

これがもし、雇われ社長だったりしたら、すぐにクビが飛ぶ！

オーナー社長の中小企業、父ちゃん母ちゃんでやってる家族会社と、家族以外の株主がいて本当の会社との決算に対する考えの違いは、この雇われ社長かどうかにかかってる。

つまり、自分がオーナー社長であれば、気になるのは銀行融資だけで、それさえクリアされるのであれば、税金を払ってまで黒字にしたいなんてこれっぽっちも思ってないだろう。

ところが、社長が大株主でないということは、黒字にしなければ自分のクビが飛ぶ。だから、なにがなんでも黒字決算にしたいわけだ。

もちろん、すべてのオーナー経営の中小企業がそうだとはいわないし、雇われ社長もそうだとはいいきれないが、でも、本心はそうじゃないですか？

だってね、大変ですよ、赤字だしたら、前章からでているW社のように、銀行から即答融資を断られたりするんです。

断られるだけならまだいい。場合によっては、銀行から一括回収、全額返済を迫られる場合だってあるんです。ことによっては、法律ではそんな必要性はなにもないのに、**「このへんでもうそろそろ（会社やめたら?）…」**ということだって。

規模が小さい企業は、単に融資を断られたりするだけですみますが（回収するにも預金もなにもないから）、規模が大きくなればなるほど、必要な金額も大きくなり、手元にある金額も大きいので、一部だけでも回収の対象にされたりします。

ほんと、赤字の決算を理由に融資を断られる…この深刻さは、経験した人でなければわからないでしょう。サラリーマンが、ローンを断られるのとはわけが違う。

現在、金融機関の融資審査は、企業格付けといって、決算書の審査が第一関門となっています。この赤字か黒字かで、その融資審査の入り口でお断りになりつつあります。

W社の社長は言う。

「まったくさー。自分の財務への関心のなさを反省して、本来の姿にするのに思い切って赤字にしたら、即答融資を断られるんだからねー」

粉飾したら抜けられない!

そりゃ、銀行員が融資を断るのも当然でしょう。「赤字イコール融資お断り」というのも確かにあまりといえばあまりのような気がしないでもない。がしかし、それにも程度がある。正直に決算したんだからしようがねえだろうという態度で臨んだのではあまりに稚拙。融資を断られるのは当然としてその対応策を準備してこそというもの。

粉飾を是か非かといったら非に決まってます。

にもかかわらず、それを顧問の税理士さんに相談するなんてもってのほか。

「ウチの税理士はなんにもそういうアドバイスくれないんです」

というお電話もいただきます。

そういうアドバイスって?

粉飾決算の方法のアドバイスですか?

それとも赤字を出すと銀行から融資を断られるというアドバイスですか?

前者はもう論外でしょう。逆を考えてごらんなさいな。やばいよ社長、このままじゃ赤字だから粉飾やったほうがいいよ、方法はね、この在庫を水増ししてさ…。

そんな税理士さん、どう思います？

いたら顧問を頼みたいくらいだったりして。**粉飾決算承ります、**なんて名刺に入ってる税理士さんいないかなー。

そのかわり、顧問料はべらぼうに高かったりして…。

ま、実際にいらっしゃるようで、もう顧問を切るに切れなくて悩んでお電話いただいた経営者の方もいらっしゃいましたが。

後者のアドバイス、赤字だと銀行融資が止まりますよということ。これもねぇ…一歩間違うと、脅迫というか、あるいは引導になりかねませんよね。

究極の選択になる。

粉飾決算したら、罪悪感を感じるかどうかはともかく、その後の決算に大きく影響するようになる。その後すぐに業績が解消すればともかく、何年も粉飾を引きずる場合も十分にありえる。

いまさら言われても銀行も困る

「どないしたらええでっしゃろ？もう在庫一億近くになるんですけど」

そう電話をよこしたのは建設業を営むK社長。

年間の完成工事高は二億五〇〇〇万程度。その在庫、つまり未成工事支出金がもう一億近くにもなるのだが、もちろんその数字は粉飾で、今期も上乗せをしたものかどうかという相談だ。

どうもこうもないでしょう。今期の業績が回復したならば、その分だけ消化していくしかないじゃないですか。消化というのは、上乗せした金額を工事原価として処理していくことを意味する。

もともとの在庫の金額は、その半分以下。いまさら罪悪感もへったくれもないだろう。**毒を食らわば皿まで、**じゃないんですか。

いまさら、正直に決算やって、気が楽になるんでしたらそれもいいでしょう。追加融資はもちろん、回収もありえますから、その準備と覚悟をしなけりゃいけませんね。

でもね、どうせ、ふだんから、決算書や試算表を見て経営なんてしてないでしょう？

大事なのは、いま進行中の仕事で損を出さない事、いっぺんに過去の赤字は解消できないでしょうけど、根気強く続けるしかないでしょう？

いまさら正直な赤字決算出されたら、うすうすそうかな？と思いながらも融資をしてくれた銀行に失礼じゃないかな。

借金するために借金して税金払うって…

「納税証明出せって言われたんです！どうしたらいいんでしょうか！」

そう電話をよこしたのは、小売業を営むSさん。年商は四億円ほどであるが、数年前に業績悪化から債務超過になり、銀行の返済を減額、リスケジュールというのをやっている。

最近、やっと債務超過は脱したものの、リスケは現在も続いていて、いまの銀行は追加融資に応じてはくれない。

本来であれば、当初の返済期限はとっくに過ぎている。いまの銀行としては、返済を減額しているだけでも、追加融資をしているのと同じというスタンスだ。

とはいうものの、業績が回復してきたらきたで、手元資金がより必要になってくるというのもまた事実。**なぜかって？ 業績が回復、つまり売上がアップする、それっていままでよりモノが売れるってこと、すなわち在庫資金が必要ってことでしょう？**

掛けで仕入れればいいって？ あのね、銀行返済を棚上げするくらいだったんだから、仕入れ業者なんかとっくに、売り止めくらってますよ。もうこれ以上仕入れのツケはお断りされてるんです。

そういうところに、ふだん付き合いのない銀行が融資のセールスにきた。もちろん事業ローンとかいって、決算書だけのスピード審査がウリの融資だ。しかもご丁寧に、クレジット会社の保証付きときた。

つまり、融資するのは銀行だが、その融資への保証をクレジット会社がしてくれるってわけ。銀行へは金利を払い、クレジット会社へは保証料を払う。

そうなると、事実上、融資の審査はクレジット会社が行うのと同じだ。

「納税証明さえとれればＯＫですって。会社と社長個人の、税務署と市役所の『その三』という納税証明ですって」

どうもこうもないですね。納税証明さえとれればいいとなれば、税金を払って証明をもらうしかないでしょう。が、もちろん、そんな余裕資金なんかありはしない。となれば、一時的にどこからか借りてきてでも納税するしかない。

「でも、『その三』っていうのは、過去の滞納税金全部ですよ！とてもそんな金額は用立てられません」

ならば、今年の分だけでもなんとかしましょう。すれば「その一」という納税証明はとれる。銀行にはそれで通しましょう。

「通りますかね？」

もし、額面どおり『その三』しか認めないっていうことでしたら、残念ながら却下です。でも、ひょっとしたら、例外もあるかもしれませんよ。

結果、融資はOK。金額は一〇〇〇万、金利は三パーセント、ただし保証料が五年で一〇〇万の一括前払い。納税証明をとるためにちょっと高い金利で借りてきたお金が二〇〇万。

さて、このS社、一〇〇〇万借りて、手元にいくら残ったでしょうか？払った税金まで金利として換算したら、いったいいくらの金利になるでしょうか？

ちなみに、ワタシへの相談料は…。

まったく、お金を借りるっていうのは大変な話です。

粉飾決算の仕組み

ここで、粉飾の仕組みをお話ししましょう。

資本金一〇〇〇万でスタートした会社があったとしましょう。その資本金は預金残高としてあるとします。

一切事業をしていないのですが、架空の決算書を作るとします。売上は五〇〇〇万とします。仕入れは四〇〇〇万で、経費は五〇〇万。差し引きで利益は五〇〇万という損益計算書にするとします。

ここまでは、ただ好きな数字を並べるだけですよね。売上の数字から、かかった仕入れや経費を差し引く、つまり引き算という計算にすぎない。

問題は、貸借対照表だ。まるっきりの架空なのだから、お金は一切動いてない。よって、売上すべてが売掛金五〇〇〇万、仕入れた金額四〇〇〇万が買掛金、経費を未払い金として五〇〇万になります。

ここまでで、資産の合計はもともとの預金残高と合わせて六〇〇〇万、負債が四五〇〇万でそこに資本金一〇〇〇万足して五五〇〇万となります。資産合計から五五〇〇万差し引いた金額五〇〇万が、損益計算書で作った利益五〇〇万と一致して晴れて決算書のできあがりです。

おいおい、そりゃー粉飾決算じゃなくて架空決算だろうが!

そう、そのとおり。いまのケースはまるっきりの架空です。が、言いたいのは、決算書の仕組みそのものです。**結果は、必ず貸借対照表に出る、**ということです。

この決算書、もし月商五〇〇万だったとしたらどうします?年商にしたらこの一二倍。売上は六億になり、利益は六〇〇〇万!(すげーな)損益計算書だけ一二倍にしちゃう。

とすると…そう、一二倍になった利益六〇〇〇万、その数字を貸借対照表のどこかに現さなければいけない。資産六〇〇〇万、負債と資本金五五〇〇万で利益六〇〇〇万じゃ貸借の数字がまるっきりあわない。

さあどうする？売り掛けと買い掛けの数字も一二倍しますか？そんなわけないだろう…一年分売り掛けかい！って思いますでしょ？売掛金はせいぜい二ヵ月くらいと違うんかい、買掛金は三ヵ月くらいにしといて、在庫もなきゃおかしいな、とかね。いっそ、設備（固定資産）もなにかあげとこうか、なんて気が付くでしょう？

すっかり粉飾決算の解説ではなく、架空決算の話になってしまいましたが、ではその違いはなにか？

粉飾の場合は、一応、計上する数字に根拠がないわけでもない。売上が足りないから、決算するさいに、翌月の売上まで計上しちゃうとか（当然売掛金が増える）、在庫を多めに棚卸するとか（ない在庫をあったことにするからここだけ架空か？）、なにかしらそのよりどころがあるのが粉飾で、まるっきりないのが架空といえる。

共通してるのは、どちらもお金が一切動いてない。

決算っていうのは、終わったことの記録の結果（残高）なんですよ。なかったものをあったことにはあとからはできないじゃないですか。お金は動いてないのですから、預金通帳にさかのぼって記録のしようがない。

ないはずのモノがあり、あるべきはずのモノがない、それが粉飾決算であり架空決算です。

この架空の決算書、これで税務申告までしたら、完璧ですね！

第5章　なぜ、ラブホテル経営者は税金を払わないのか？
～「税金」と「税務署」の話～

税務署を気にする経営者

今度は反対側から中小企業の会計の世界を見てみましょうか。反対側？前章までは粉飾決算でしたよね。粉飾の反対って…？

粉飾というのは、実際より大きく見せることだったり、ないものをあったように見せようとするものだったり。ではその反対というのは、あったものをなかったことにする？

一〇〇あった売上を九〇にしたり八〇にしたり？

なんでわざわざ小さく見せようとするわけ？前章でなんか、必死になって大きく見せようと苦心してるのにねー。いるのかそんな経営者が？あるのかそんな会社が？

「ベンツ？冗談じゃない。乗りませんよそんなの。やっかみ買うだけだし、だいたい、目をつけられるじゃない。誰に？税務署にだよ！」

「繁華街で派手に飲み歩いてるかって？まさか。出張で遠くに行ったときだけだよ。

海の外とかさ」

「粉飾で一億銀行から引っ張ったってさ、新聞に載ることはないでしょ。でもさ、税務署に黙って一億の金残したのバレたら新聞に載るんじゃない？」

いやー、どこの誰かなんて怖くて仮名でも書けないですよね。だいたい書いてる私が本名なんだから。

わざわざ、粉飾決算しようと四苦八苦してる経営者がいるかと思えば、なにをするにしても税務署を気にしている経営者もいるわけです。でも共通してるのは、なんらかの事業を行い、税務署にどんな形であれ決算書を出してるということ。

「だいたいさ、決算書なんて、税務署のためにあるもんでしょ？税理士なんて、税務署のまわしもんじゃないの？」

いやー、決算書は税務署のためにあるか、あながち否定できない気がしないでもない。いや、銀行から融資を借りるためってことを除いたら、残るは税務署のためか？

「わざわざ高い顧問料払ってるのにさ、あれダメ、これダメ、去年までアッチの科目に上げてたのが、今年からはコッチとかさー」

消耗品とかの取り扱いのことをいってるのかな?税理士さんから言われたことを言ってるのかな?

「去年と同じようにやってるのにさ、まるっきり数字（利益の）が違ってたりするんだから。銀行にはどうして今年はこんな数字なんですか?って聞かれるし。いちいちうるさくてしょうがない。税務署に聞いてくれよ!」

あー、この社長はですね、**パチンコ店の社長**です。おそらくパチンコ台の税務上の取り扱いのことをおっしゃってるんでしょう。

パチンコ台、知ってますか?テレビなんかでもよく宣伝されてますよね。

あれ、一台二〇万くらいするんですよ。あのパチンコ台をお店として買ったときの税務上の取り扱いのことを怒ってるんでしょうね。

消耗品と資産

「去年まではさ、パチンコ台やスロット台は資産計上ですっていってたのがさ、今年はパチンコ台は消耗品で買った時点で経費で落とせますって。なんじゃそりゃあ?ってな話だよ」

このね、消耗品で落としていいのか、器具備品として資産計上しなけりゃいけないのか、っていうのはしょっちゅう税制改正があって困るんですよ。ある年までは二〇万までは消耗品でいいとか、いや一〇万までですとなったり。

かと思えば、パソコンはいいとか、まとめて買ったら特別にどうだこうだとか…。

「前年まではさ、（パチンコ）台を入れ替えした時には、いったんは資産計上して、いちいち固定資産除却損であげてたのがさ、今期からは消耗品で一発ドーンでしょ？ウチの店、台だけで年間一億だよ？一年以上店に置いとく機械なんてそうないの。わかる？一億が特別損失になるのか経費で落ちて営業利益で落ちるのとじゃさ、全然決算書の見栄えが違うんじゃないの？ね、センセー？」

いやー、珍しく長セリフで力説しましたねー。言葉遣いは少々荒っぽいですが、ちゃんと会計上の矛盾もついてますねー。

でもいいじゃないですか、いままで資産計上でいちいち減価償却してたのが、買ったつど消耗品で落とせるなら。ある意味、**節税になるんじゃないんですか？**

「あ、そういうことを言うんだ。同じモノを買ったのがですよ、年度によって会計処理が変わるなんておかしくないですか？そのたびに利益が歪んだものとして表示されるんじゃないですかね。決算書というものは企業の業績が正しく反映されて…」

はいはい。お説ごもっともです。税法でコロコロ会計処理が変わることはけしからんと言いたいんでしょ。でも、ほんとは言いたいことが違うんじゃないの？

「エライ目にあったよ銀行で。ただでさえウチみたいな業種は銀行から融資対象として良く見られないのにさ、ずいぶん業績が変わりましたね、なんて言われてさ」

それか本音は。いやー、でも脱税ナンバーワン業種と言われてるパチンコ業の社長から中小企業の決算の矛盾を改めて指摘されるなんて…。

「なに言ってまんねん。ハナから決算書なんて見てまへんがな。ありゃ税務署のためでっしゃろ?ただ最近はなー…抜くほど余裕もあらしまへんのや…。それにしたって、パチンコ台が消耗品ってことありまっかいな。原価みたいなもんでっしゃろがな。しかしスロットマシンが資産計上って、お笑いでんな」

ま、確かに、パチンコ台やスロットマシンが器具備品で資産だっていうのもおかしな話だが、それが中小企業の税務会計だ。

おっと、聞き流すとこでしたが、抜く？

抜く余裕もない？

抜くって何を？

愚問だな。売上に決まってまんがな、ね、社長！

最近は抜いてないってほんと？

その金はどこから？

粉飾に比べると、いたってシンプルです。あったモノをなかったことにするのは。あったもの、つまり売上ですね。売上を抜く、いい表現ですね。まさに抜くという言い方があらわすように、たとえば、今日一〇万あった売上を、一万抜いて九万にする、ということです。

では、抜いたその一万はどこにいくか？そりゃ経営者のサイフでしょう。で、サイフに入れたあと、帳簿には本日売上九万って記載するのです。これで一丁上がり！

毎日一万なんて、なんともスケールの小さい話ですか？それ一年三六五日やったら？そう三六五万ですよ。まだ小さいか。

では、そういうお店が二店舗あったら？ほら、いま、「おっ」て顔したでしょ。一日一〇万の売上ってことは月三〇〇万、年商三六〇〇万、飲食業で原価三割として…んー経営者はいくら給料とれるかなー、とか考えるんですよ。

それで一日一万ずつ売上抜いて、どんだけメリット（脱税効果？）あるのかなー、とかさ。

私がかつて税理士事務所時代に、**「現金過不足の怪」**というのがありました。ある飲食店の日計表（日々の売上や仕入れなど記載されてる出納帳）をコンピューターに入力していたときのことです。お店が書いている現金残高と、コンピューター上の現金残高がどんどんちがっていくのです。

ありえないことに、そのお店の日計表のコンピューター上の現金残高は、一年を過ぎた頃にはマイナスが四〇〇万を超えてきました。

現金がマイナス？ありえないことです。数学という学問上はありえても、現実のお店の経営ではありえません。でも、お店から提出された日計表は、一日たりとも現金残高がマイナスになったことはありません。

私の入力間違いかと思い、コンピューターとにらめっこして入力間違いを探しましたが、見つかりませんでした。

たぶん、お店の人が書き間違えたのだろう。仕入れ分を払うのにお店のお金じゃ足りなくて、サイフから出してお店に貸してくれたのだろう。ならば、経営者からの借入金として処理しよう…。

んなわけあるかい！

年間四〇〇万も経営者が店に金を貸したぁ？なら、その金はいったいどこから出たんじゃい！おう！

経営者の給料はいくらだっけ？年に四〇〇万も貸せるほどの給料でしたっけね？日計表でマイナスが四〇〇万？現金商売の飲食で？そのまんま赤字四〇〇万ってことですね？その穴埋めに店主が店に四〇〇万を出したと？

ほほー、そりゃ見上げたもんです、赤字だと銀行から借りようとする人が多い中でね。

で、何度も聞くようですが、そのお金、お店に貸したお金、店主はいったいどこから出されました？サイフから？毎日サイフから？一日一万以上ですね。ひょっとして日曜日は二万かな？では店主さん、そのサイフから出した日々の一万はどちらからからサイフに入れられました？

お店の売上はすべて銀行口座に入れてらっしゃいますね。失礼ですが、毎日一万もサイフから出せるようなお給料じゃないようですが…。

はあー、**お金がたまる黄色いサイフ**をお持ちだと…。

抜くのはいいんです！

こういうケースの場合、帳簿上の処理としては店主からお金を借りて日計表上の現金のマイナスを補填したことにする。仕訳でいうと、借り方現金・貸し方役員借入金になる。

日計表の現金がマイナスなんていうのは、現実としてはありえない話なのだから、どこからから（誰かから）補充したという解釈以外ない。心中としては、前項のようにウソだろー（売上抜いてただろー）と思いながらも。

しかし、抜いて出納帳の現金有り高がマイナスになるような抜き方はまずいよなー。

もしこれで、税務署の調査が入ったとしたら、こういう善意の解釈は受け入れられない。店主（経営者）が店（会社）に貸したのならば、その貸したお金の出所を追及されることになる。

このケースだと年間四〇〇万になるわけだから、もし自分の給料からとなると、当然、それ以上なければいけなくなるわけだ。

まして、そのそれ以上の給料が現金支給だったのならまだしも、もし預金口座へのフリコミにしてたのなら、その給料の口座から出ていなければおかしなことになる。

ま、抜いてマイナスになるのはマヌケなケースとして、ふつうは、抜いても十分プラスになってるわけだ。だからこそ、抜きたくなるのでしょうし。

つまり、仕入れや経費などは問題なく払って、なおかつ経営者自身の給料も生活水準は満たしており、それで、その上でというか、そうなるように、調整して抜いている…というのが実際なのではないか？

あるいは、やや赤字くらいになっている…とか。家族で経営している会社や個人事業で、赤字なのに、なんとかなっているところってありますでしょ、それです、それ。

もちろん、すべてがそうだとは言い切れませんが、かつてそういう小規模企業の決かこんなこと書いて）。

算書を銀行員時代も多く見てきたし、税理士事務所時代も手がけてきました（いいの

銀行員時代なんかですよ、なんで会社は赤字なのに、役員報酬だってそれほどでもないのに、どうして個人預金がこれほどあるの!?

税理士事務所時代だって、どうして毎年計ったように同じような利益になっちゃうわけ？ちょうどいい赤字はなに？でもボクは税務署じゃないから、それ以上はつっこみたくないなー…なんてね。

まして個人事業主で、白色申告だったら、売った買ったの損益計算だけでいいわけだし。金の流れ（貸借対照表）なんか記録しなくていいし…。

そうなんですよね、どうして白色申告のままなのかなー、十分に青色申告にしたほうがいい規模だし、会社設立だって可能なくらいなのに、白色のままだった方は、そういうわけだったんだろうなあ…と今思うわけです。

ほんとね、抜くのも大変ですよ。ある意味、よほど数字の感覚が鋭くないと務まりません。ただ抜けばいいんじゃないということはおわかりいただいたと思います。

抜き方もともかく、抜いたお金をどうするか、というのがとても重要になってくる

のです。

なぜならば、そのお金はなかったことになるのですから。

バックマージンよこせ…

なんともまあ、売上を抜いて税金を払わないなんてうらやましい！けしからん！なんて言わないでくださいね。世の中にはいろんな事情というのがありまして、お互いの商売上の関係から、領収書のないお金を必要とされる場合だってあるんですよ。

仕事をもらったりしている得意先の社長からですよ、おいオマエ、いつも仕事回してやってんだから、オレにバックしてよこせ！とか要求されることなんか珍しくないんですよ。

もっと安く納品しろ！って言われるならまだしも、さらにバックマージンよこせ！っていう話ですから下請けっていうのは辛いもんです。

問題は、払う側の経理処理です。もらう側はいいですよ、もらった人はサイフに入れるだけでしょうから、困るのは払う側です。

領収書なしでバックマージンよこせ、ってことはすなわち、払う側の帳簿に載せるなよ、ということにほかなりません。じゃあ払うほうではどうすればいいの？

どうしようもないですね。あくまでも要求に忠実であろうとするならば、払う側も会社のお金ではなく、払う側の社長のポケットマネーから支払うほか方法はありません。そうですよね？

もしくは、そういう要求に応えるために、それ用に**裏金作りに励むか？カラの領収書を集めたりしてコツコツと**…気の遠くなる作業だなあ…。

あるいは、いったんは交際費として処理しながらも氏名などを帳簿に記載せずに支払って、税務署に対しては、資金使途不明金として税金を支払っておくか？たとえ赤字決算でも不明金があります。そしてその分に対しては税金を払っておくか。

まあ、これもなんだか、踏んだり蹴ったりで嫌でしょうね。よほど利益がとれる仕事を回されたのならまだしもね。

仮にですよ、通常より二〇〇万よけいに儲けさせるから半分バックしろ！なんて要求されても、正々堂々と裏金を渡すとなると、差額の一〇〇万に対して法人税が半分の五〇万、さらに一〇〇万は使途不明金として半分の五〇万かかるじゃないですか。

大雑把に計算してももう差額の一〇〇万は税金で消えました。

かといってねぇ…そのために、そういう要求に応えるために、下請けの社長としての自分の役員報酬を高めに設定しておくというのも、なんだか悲しい話ですよね。でも、実際にはそういうこともあるのですが…。

これも、中小企業の経営者の役員報酬が高めになっている理由のひとつだし、そのために決算が圧迫されていることにもなるでしょうね。

まあ、あとは要求してくる会社との関係しだいですね。ご丁寧に裏金バックマージンの比率なんか約束して、そのとおりに支払いながらもちゃっかり帳簿に記載してたりして。裏金になってねーじゃん！でも、相手には裏金です領収書は要りませんといいながら、自分とこは領収書なしで手数料で落としたり…ああ怖い。税務調査が入ったらばれますけどね。でも管轄が違えばＯＫ？あとは知らんみたいなね。

だってねぇ…実際に、裏かどうかなんて、もらったほうでは確かめようがないじゃないですか。

ま、あとは、金額が大きくなってきたら…ヤバイ話はさらに下へ下へ…元請けから下請け、さらに孫請け…同じことが繰り返されるわけだ。

営業車がセルシオ

お互い中小企業の経営者同士だったらまだいい。しかし相手がサラリーマン、大企業などの担当者あたりだと話はまた違ってくる。

裏金として金銭を要求するのもされるのもマズイ。ことによったら、贈賄・収賄、業務上横領・背任…そういうことにだって、ことしだいによってはなりかねません。

どうしよう、どうする…仕事をとっていくためには、やはりモノをいうのは袖の下、魚心あれば水心？

「飲ませ食わせ抱かせ」するのは当たり前、もうひとつ何だ？そうだ車だ！これぞまさしくお足だ！

「ウチは営業車がセルシオ四台ですよ！そのほかクラウンとアリストと…」

すごいですねー。みんな高級車ばかりですねー。でも、会社の駐車場には一台もありませんね。

「なに言ってますか！みんなゼネコンの担当者に乗らせてるんですよ！」

はあ？はあー…そういうことですか。

「ほんと、文字通り、アゴ・アシつきですよ。車の名義はこっち。当然保険もこっち持ち。なかにはガソリン代までね。スタンドのカード渡して」

大変な話だよなー、仕事をとるっていうのも。そうやってお車をお貸しして、その経費はすべてこちら持ち、と。ぜんぶ車両費とか保険料で落ちるしな。車そのものはリースにしろ、所有しての減価償却にしろ、落ちることは落ちる。

そういえば…

「また来たのよ税務署！でも今回はそうでもなかったわ」

税務署なんて、ふん！とでも言わんばかりなのは、ラブホテルを三軒経営しているYさん。拙著『税金バンザイ！』のモデルになっていただいた女性社長だ。

「ま、ウチが悪いんですけどね。税務署に目をつけられるようなことやってますし」

三年おきに来られてるんでしたっけ？また四～五〇〇〇万いかれたんですか？

「んーん。今回はね、前の半分もいかないわ。だって最近はいっぱいほかにもホテルできちゃってるし。（売上が）前ほどじゃないのよねー」

Yさんがやってるラブホテルは旧式のまま、レシートさえ発行してない。飲み屋さんでよくお愛想のときに出される金額を書いた紙切れ、お客さんに渡してるのはあれだけだ。

飲食店と違って売上が増えても、材料費などが増えるわけではない。だから

「だって各ホテルのお金の管理は、全部身内でやってますもん。他人にやらせるからこそ最新式のレジとかコンピューター管理が必要なんでしょうけど」

そりゃそうだ。そもそもお客さんはレシートなんて望んでないだろう。よもや領収書を欲しがるカップルもいないだろうし。

三年前に税務署に来られたときは、呼び出されて会社に来る途中に金の入ったバック、途中の草むらに捨ててきたんでしたっけ？

「そうそう！車のトランクに入れてたの思い出してねー、慌てて自分ちの畑の草むらに放り投げたわよ！」

いくらくらいでしたっけ？

「脱税」と「ペナルティ」

脱税は犯罪なので刑罰が待っています。当然、税務調査や国税の査察で発覚すれば、追徴税やペナルティが多額に課せられます。

まず、かかるのが「延滞税」。これは、税務署が罰則利息として徴収するものです。当初の申告期限から2ヵ月の間は約4.2%です。それ以降追加の納税額を全て支払い終わるまで、サラ金並みの14.6%の利息がついてきます。

さらに、脱税が悪質とみなされると、重加算税がかかります。重加算税は追加納税額の35%または40%です。

さらにさらに、悪質だと刑事罰の対象に。実刑と罰金も課せられます。

<ペナルティ>

延 滞 税…14.6%
重加算税…35〜40%

↓

さらに、刑事罰の対象になることも

「んー、たしか八〇〇万くらいあったんじゃなかったっけー」
知らない人が聞いたら恐ろしい話だ。
おそらく本人もいくら金を持ってるのか覚えてないのではないか？
旦那さんはお元気ですか？
相変わらずゴルフ三昧ですか？
子供さんは二人とも大学でしたっけ？

「ウチの人は気楽よ～。いいとこに婿に来たと思ってるでしょー。ほんと、食べるだけだったらウチの人の給料だけでも十分ですもん。銀行はお金さえ積んでれば融資してくれますもん。こんな田舎じゃ銀行も決算書だなんだってうるさいこと言わないし。税金なんて…払う必要ないわー」

ほんとにもう、話すことはすごいのに、見た目は近所のおばさんだ。派手なモノは一切身につけてないし。税務調査では本気で泣いたりするから女性は怖い。

というか、抜いた金は文字通り裏金なんだから、身につけられるモノに使えっこない。いくら抜いてたか、本人は本気で忘れてたりするんだから。税務署に長期で保険を預けてたの指摘されて、ああそうだ、って言うんだから。

アー、怖い怖い。

第6章　なぜ、社長は生命保険が好きなのか？

～「経費」の話　その二～

ついに出た！生命保険！

前章のような脱税も会社でバレただけなら、最悪でも抜いた分を全部税金で持ってかれるだけか…イチかバチか…。

でも、税務調査は最長で七年過去にさかのぼりますので念のため。ということは、延滞税が最長七年もありうるということです。もし七年前の税金一〇〇万に一五パーセントで七年計算してみたら…延滞税だけでも一五万×七年で…一〇〇万超すじゃん！

やめましょ、脱税はワリにあわないですよ。同じ場所に住民票を置いて家族を養って、同じ商売を続けながら、完璧な脱税は無理っすよ。せいぜい、生活費と経費のグレーゾーンでちまちまやってるとか。車が好きな方は、バーンと一発外車でも転がしてさ、いざというとき金になるし、見栄えもいいし、ある意味、趣味と節税をかねて

…え？車が好きじゃない？

そうなのよね、経営者みなが車好きとは限らないし、なかには車こそもっとも無駄

という方もいらっしゃるし…動かないモノで…土地？不動産？ああ…不動産の好きな方も多いですよねー、でもアレも節税というよりはなあ…投資という感じですよねー。

なんかこう…でかくて、どーんと節税になって、なおかつそれ以上のメリットが得られるもの…あります！そんなアナタにピッタリのモノが。

それはズバリ、生命保険！社長であるアナタへの生命保険がなんと経費になるんですよ！え、ウチは家族でやってる会社だからダメなんじゃないかですって？NO NO、家族経営こそ会社としての生命保険にもってこいです。

不思議だと思いませんか？これも個人事業との比較でよくあるんですけど、個人としてどれほど生命保険に加入しても、所得控除があるのみですが、同じ事業規模でも法人となったとたん、その入り方（契約と保険の種類）によっては経費として落ちちゃうんですよ。

たとえば、会社が契約者となり社長であるアナタを対象に（被保険者）一億円の生命保険に入る…その保険料が経費となるのです。

どうです？面白いと思いませんか？

どうせ掛け捨てだろ、いくら経費になるとはいっても…なんて思っちゃいけない。

そんなアナタは会社経営の不安を想像してごらんなさい。もし社長としての自分にもしものことがあったら…社長には有給休暇もないし（その必要もないが）、労災もないし、だいたい社長の自分が倒れたら、会社そのものが終わりじゃないの？

ね、生命保険が経費になるってだけで感動しなきゃ。

しかも、その保険の種類と払い込み方法によっては、普通は掛け捨てと思ってる生命保険が中途解約してもかなり戻りが良いとしたらどうです？

掛けた分（払い込んだ保険料）の、最大七割程度の解約返戻金があることもありえるんですよ、って言われたら？

掛けた分、払った分の七割？そんなに戻るの？じゃ、じゃあ、たとえば年間一〇〇万掛けたらあとで七〇万戻るの？ね、ね、ね。

ど、ど、どうしよ、掛けた時点では経費になるんだし、や、や、やっちゃうか、い、いや、まて、もう少しよく話を聞いてから…。

では、これからワタクシは皆さんに生命保険ご加入ご提案のお話をしましょう。

保険の種類

まず、生命保険に関して、二つの重要なポイントがあります。契約関係と保険の種類です。

契約関係というのは、いわゆる保険の契約者と被保険者、そして受取人です。会社で加入する以上、契約者と受取人は会社、被保険者は経営者もしくは社員でなければいけません。

この三つの関係、いろんなパターンがありますが、基本はコレ。会社で保険をかけるのが行きつけの飲み屋のネーちゃんに保険かけちゃおかしいでしょ？いくら好きでもさ。あるいは保険に入ることはできるかもしれませんが（保険会社はそんなの受けてくれるのか？）経費にはなりませんね。

次に保険の種類。これは大まかに三つあって、養老保険、定期保険、終身保険のうち、いわゆる掛け捨てタイプで保障が大きくとれるのは定期保険です。

万が一の不安とひょっとして大きく節税になるかもしれないのは、この定期保険の

ことです。

定期保険、定期というくらいですから、期間に定めのある生命保険のことです。つまり、たとえば二〇年という期間を区切って、もし死んだら一億円払うし、死ななかったら保険料ありがとうございまーす、といういわば保険会社との丁半のバクチをするようなもんで、保険料は文字通りバクチの掛け金っていうわけです。

養老というのは期間内に保険金と同じ金額を払い込む保険で、たとえば一億円の保障がほしい場合、期間内に同じ金額を払い込み、死ななかった場合は満額プラス配当がついて戻ってきます。なのであまり大きな保険には入りにくいし、掛け捨て部分がないので経費にもなりません。ま、いってみれば、貯金と保険がセットになったような感じですね。

ちなみに終身というのは、その名のとおり、死ぬまで、必ず保障しますというもの。これも当然いつかは死ぬわけだから、保険料は高目になります。そりゃそうですよね。

やっぱり定期保険がおいしい！

素人にもわかりやすいのは、やはり原理がシンプルな定期保険でしょう。で、なぜこの定期保険を解約した場合、戻りがいいのかというと、人というのは当然ながら、年をとればとるほど死ぬ確率が高くなります。

ということは、本当は、加入時より先へいけばいくほど、保険料も高くなるのが道理。でも、それでは払い込みが大変でしょ。そこを複雑な計算をして最初から最後まで平均にならしているのが皆さんお支払いの保険料なわけですよ。

ということは、最初の数年間に支払ってる保険料というのは、最後のほうの将来の保険料だ、という考え方になるわけです。

よって、加入して数年たって、もし、中途で解約するようなことになったとしても、場合によったら掛け金の何割も戻ってくる場合もあるんです。

はー、なるほどねー…って、すでに生命保険に加入している経営者の皆さん、ちゃんと知ってました？

ということは、どうせ経費で落ちて、なおかつ解約戻りが良いのなら、どうせだったら、いっぱいいっぱい生命保険に入っておきませんか？そうしましょうよ！ってことですねー!!

生命保険が節税になる理由

ん？サラリーマンの読者の方には、まだピンとこない方もいらっしゃるようですね。しょせんいくら解約金の戻りが良いとはいえ、掛け金すべては戻ってこないんだろ？やはり掛け捨て部分があるではないか、などとお思いじゃありませんか？

いいですか、会社としての経費になるということは、その分税金が安くなるということですよ。安くなるという言い方はよくないな、少なくなる、この言い方もどうかな…保険料の分だけ税負担が減る、これが正しい表現になるのかな。

たとえば、保険料が年間一〇〇万円の保険に新たに加入するとします。そうすると、法人税率を約五〇パーセントと仮定すると、保険に加入した場合は、加入前よりも五〇万法人税が少なくなります。

当たり前ですよね、経費（保険料）が一〇〇万増えれば利益が減るわけですから、当然、法人税も減ります。

ということは、一〇〇万の保険料とはいうものの、その半分は法人税で払わなければいけなかったのだから、もう五〇万足して保険に入っておいたらいかがですか？という論法ですよ。

ああ、なんだ、どうせ税金かかるんだし、税金払ったと思えば、一〇〇万の保険料が五〇万ですむようなもんか、なるほどわかった…となったらしめたもの。でもしょせん掛け捨てだよなー。

へへへ、だんな、掛けた分の七割くらい戻ってくるとなったらどうです？

なに？掛けた分の七割が戻るとな？

へい、たとえば一〇〇万ずつ五年掛けて、解約したとしやしょう。そうすると、五年間の掛け金五〇〇万のうち、その七割三五〇万が解約返戻金として戻ってくる仕組みでやんす。

いいですか、その払った五〇〇万は当然経費になったから、その半分二五〇万分の法人税が安くなってるんです。ってことは、実質保険料は二五〇万ですんでることになります。

実質二五〇万の払い込みに対して、三五〇万のリターンってことは、いったいいくらの利回りになるでしょう？

三五〇÷二五〇で、なんと一四〇パーセントの利回りです！どうです、こんないい金融商品はほかにございますまい！

入る！すぐ入るぞ。どうせなら、その一〇倍の運用をしようじゃないか！

えー、いかがでしたでしょうか。文中、微妙に表現というか言い回しがかわっていったのにお気づきいただきましたでしょうか。最後には、なんか投資話のようなことになってましたが。

文中にある、法人税率を五〇パーセントとしましたが、この率のことを実効税率といいます。その年度によってや、あるいは利益の大きさによって変わります。この五〇パーセントと仮定したのが、もし自分の会社は四〇パーセントだったとしたら、さて利回りはいくらになるでしょうか？

つまり、法人税率が下がれば下がるほど、旨みはなくなるってことです。

それと、あくまでも、税負担を考慮した実質利回り、この実質というのがやはりミ

「生命保険」のしくみ

たとえば…

利益が1000万円

↓

でも、税金500万円を払いたくない!

↑ 法人税

↓

…と思ったら、

1000万円の掛け金の生命保険に入る!

↓

税金は0円

↓

5年後に700万円戻る

↑ このときに、会社が1000万円の赤字なら、その年の決算は300万円の赤字だから税金は0円ソになるんですけど、掛け金そのものに対しては、掛けた分すべては戻ってきませんので念のため。

生命保険はいろいろ使える！

もうね、生命保険を使っての節税はね、定番中の定番ですね。その中でも定期保険は初心者コースみたいなもんですよね。

ちなみに、この掛けた分の七割とか六割が戻る率のことを解約返戻率といいますが、保険期間中ずっと一定ではありません。契約時から年々決まってまして、最終的にはゼロになります。

これがまたゲーム性をあおり、経営者の心をくすぐる。じゃあ、何年ころに解約して…その次は、こんな保険に…とかね。

解約したときの処理ですが、掛け金を経費で落としてる以上、解約返戻金は雑収入として計上され、当然、その法人税の対象になります。

ん？ってことは…前項のケースでいえば、三五〇万戻ってきたとしたら、その半分の一七五万が税金の対象かい？ならばその実質利回りってやつはいくらになるんだい？
さ、どうぞ計算してみてください。

さらに保険会社では、この解約利回りをよくするために、保障額が後になればなるほど増えていくタイプの定期保険などを開発しまして、これを逓増（ていぞう）定期保険といいまして、もっぱらこのタイプが主流です。

出だしの保障額は**五〇〇〇万くらいでスタートしてマックス二億円まで**、とかね。そうすると、保険料は保障額に応じて高くなるわけですから、でもそれを毎年平均的に払うようにならしてしまえば、ほら、最初の数年間は、保障の高くなる後半の分の保険料が多くなる、すなわち解約返戻率が高くなるってことです。

ほんと不思議、こういう保険とかが経費で認められてるっていうんだから。当初の数年間が先払い保険料だってことが計算済みならですよ、前払費用で処理するのが筋じゃねえのか？って言いたくもなりますが、税務署が認めてるってことですしね。これ認められなくなったら、保険に入る人ガタ減りするだろうねー。

保険のセールスマン

だからといって、金さえ払えばいくらでも加入していいのかというとそうでもなく、会社としてなんのためにその保険に入ったとかですね、たとえば退職金の支払いのためですとか、いろいろ福利厚生規定などが必要になる場合もありますのでご注意ください。

詳しくは、私のホームページにアクセスし、ぜひ、私にご相談ください（ウソです）。

さては、保険の勧誘か！　こんなに？さんざん保険のことを書いてたのは、

でしょ？いまそう思いましたよね？

そうなんですよ、たったいま、なんだオマエ、コンサルタントだなんて本書いていながら、保険のセールスもやってんのか？って思いましたでしょ。

ってことはだ、もしこの本をお読みの読者の方で、すでにこういった保険にご加入なさっている方、いったいどういうご関係の方からご提案を受けましたか？

いや〜、ぜひ、今後は私にご相談ください。アナタがお支払いになる年間保険料の約半分が、私への手数料となるんですよ。最初の一年くらいだけですけどね。

いや、ほんとに、節税対策のコンサルはやめられないでしょう。私の独立資金は、税理士事務所時代のソレで稼がしていただいたようなもんです。

もっとも、いまじゃ、保険を勧めるどころか、経費削減のために解約させるほうの立場になってしまいましたが。

節税も金は出ていく！

しかしなあ、税金は払いたくない。けど脱税はリスクが大きすぎる。独立開業して間もないころは先行きもわからんし、バカ正直にやってられるか！みたいなところもあったでしょうが、長くやってればそうもいかない。

地元で商工会だロータリークラブだライオンズだ、なんだかんだで顔も出すようになってくると、税務署入って脱税やってたんだってー、なんて言われた日には示しがつかなくなるし。

そうでなくても、はたして節税が必要なほど利益がでるかどうかなんてギリギリまでわからない。いや、よしんば試算表では、利益出てますがどうしますか！なんて経理や顧問税理士事務所から言われてても、決算月になるまでは、なってみても実感がわかなかったりしますから。

決算月になって、払った分だけ手っ取り早く経費で処理できるのなんて、生命保険くらいしか思いつかないってもんです。

でもね、落ち着いて考えてみましょう。節税っていうのはね、お金を使わなきゃいけないんですよ。当たり前ですよね。しかも経費で落としたいわけだから、カタチに残って長く使えるものはほとんどだめ（そりゃそうだ、そりゃ資産だろ）。

あげくに、なにもせずに税金を払うより、よけいにお金は出て行く。利益が一〇〇〇万出ててその半分の五〇〇万が税金だとすると、税金をゼロにするには一〇〇〇万使わなきゃいけない。そんなわけにはいかない、そしたら利益もゼロになってしまう。

利益は三〇〇万くらいだしたい。ならば税金は一五〇万。じゃあ七〇〇万を節税対策に使って、それで税金が一五〇万におさまる。使ったお金は八五〇万。なんだ税金をだまって五〇〇万払ったほうが金は会社に残るじゃないか。

悩ましい話です。

それで翌年、業績悪化したりしたら、保険は払わなければいけないし、赤字になったりしたらバカみたいな話になる。あらら、第4章の粉飾に戻らなければいけなくなりますね。

前期保険で落とした保険料、今期は保険積み立て金にでも資産計上しますか？

なかには、保険のカラクリをご存知の経営者の方がいて、しゃくだったんだろうね、だまって税金払うのも耐えられないし、かといって保険会社と税理士事務所を喜ばすのも面白くない。保険の手数料、半分バックしてよこせ、みたいな要求をした経営者の方もいましたっけ（ほらほら、前章のバックマージンの話がまたでてきた）。

ああ、余談ですけど、会計とは全然関係ないんですが、節税したくてやむをえず決算賞与を社員に払う苦汁の決断をされる経営者の方もいらっしゃいます（そんなに社員に金を払うのが嫌なのかね？）。

「いいか、これは決算賞与だけど、次の慰安旅行の積み立て扱いにするから。慰安旅行も経費で落とすのは税法が変わって厳しくなった。渡した決算賞与三〇万から半分の一五万は徴収する！残りは税金分と旅行の小遣いにしていいぞ」

おおーすっげー！ウチの社長は気前いいぞー！

なに言ってますか。ちゃんと慰安旅行代は経費になりますって。徴収したのは社長の裏金になるんですよ。

社員の皆さんは裏金づくりの共犯者！

第7章　なぜ、社長は失敗しても投資し続けるのか?

～「投資」と「設備投資」の話～

命がけ

それにしても経営者というのは哀しい性（さが）である。いかに税金を払いたくない一心とはいえ、自らの生死を賭けてまで節税したいというのだから。

退職金規定を不備なく整備しどれほど高額の設定をしたところで、その効果を発揮するのは自分が死んだときの死亡退職金というわけだし、ましてあまりに非常識な退職金と税務署に思われ否認されたらそれこそ浮かばれない。

ちなみに、会社の借金の返済のために会社として社長の死亡保険金を幸か不幸か手にした場合、その死亡保険金は雑収入となり課税の対象になる。なので、死亡退職金を規定し、相殺を図ろうという意味でもある。

保険金相当額の繰越欠損（通称赤字）でもあれば、退職金もとらず全額借金返済にもまわすことが可能であるが、赤字が続いているのに保険料が払えるのか？という現実もあるし。

事業が軌道に乗るまでは自分の死んだときのことなんか思ってもいられないのに、

税金を払う心配をするくらい業績が良くなったとたんにこんな心配もしなきゃならんのだからやっかいな話だ。

ちなみに、運悪く（良く？）、業績不振の際に社長に万が一があって、会社に生命保険が入ってくる場合、借入れのある銀行以外の口座に振り込むようにしたほうが無難ですよ。

節税と投資

前章の生命保険を使った節税効果の話でおかしな点があったのにお気づきだろうか。節税目的だというのに、利回りという考え方をしていた部分で、なおかつ税負担を考慮して実質利回りという考え方をしていたところである。

つまり、なにもせず税金を払ったと思えば、半分で保険に入れますよ、というのだが、なんかおかしくないかい？税金を払ったと思えば？そりゃそうだけどさ、それいったら、すべての経費が税金を負担することを思えば、半額ですむんじゃないかい？

ならば、決算期末にベンツ買っても税負担を考えたらいいんでないかい？

いやいや、でもベンツには保険ほど確実なリターンがありませんから。やはり経営者としてお金を使う以上、それ相応のリターンがあるものに投資しないと。

ええ？投資？いままで節税の話をしてたんじゃありませんでしたっけ？

借金して投資

そう、経営者は投資が好きなんです。

ここでお金を借りてやる投資の基本について話しておきましょう。

お金を借りてやる以上、返すことをまず考えなければいけません。どうやって返すの？買った（投資した）モノを売って返すの？それとも買ったものから日々（月々・年々）発生する利益から少しずつ返していくの？

ポイントはたったこの二つです。個人的にもそうだし会社経営上も同じです。

借金して右から買ったモノを左に売って借金を返し、なおかつその鞘（さや）で儲けようとするのか？

あるいは、買ったモノを誰かに使用（運用）させ、その使用料（利益・配当）から返していくのか？それで最終的には借金を返し、自分の持ち物とし、その後は利益もまるまる残るようになるか。

もうひとつ、返し方の応用として、別の投資の発生する儲けから次の投資への借金の返済にあてる、というのもあります。

本業の投資

こうして書くと、商売そのもの事業そのものがこの投資の基本のとおりじゃないかという気がしますね。

確かにそうなのですが、そういう商売・事業を行っている場合、本業に対する投資というのとそうでないもの（本業以外）への投資と分けて考えましょう。

その本業への投資の代表といえば設備投資でしょう。

機械を買ったり工場やお店を建てたり、通称固定資産といわれるモノを買うことを設備投資といいます。

これがね、企業の資金繰りを悪化させる一番の原因になるんですよ。ここにも税務や会計上の問題があるんです。

誰だって、単純にかつ慎重に考えるんです。設備投資といえば高額になりますから。ましてや借金してやるとなれば、返せるかどうかを一番に考える。

でもね、幸いにも返せるとしたら、返せるくらい投資の効果があったということは、儲かってる、つまり利益が出てるわけだから税金がかかるんですよ。

前章でもいってるとおり、儲けの半分近くが税金になる。これが頭でわかってるようでなかなか忘れがち、というか、なんとかなると思ってしまう。

逆の言い方をすると、借金して設備投資をする場合、返す金額の倍を儲けなきゃいけないってことなんですよ。税金で半分とられるんですからそうですよね。

たとえば、一〇〇〇万の設備投資をして一〇年で返すのなら年間一〇〇万ずつの返済になります。これだったらなんとかなりそうでしょ？でもその前に返せるということだからその儲けには税金が五〇万かかることになります。つまり、税金分のお金が足りなくなる。

五年で返すとしたら、年間二〇〇万ですよ。たとえ返せるくらい効果が出たとしても、税金は一〇〇万！どうすんの、その税金分は？ってことですよ。

減価償却費があるじゃないか、とお思いですよね？でもその耐用年数は税務署が決めてます。ちょっとしたお店の内装であっても一〇年くらいの耐用年数です。気が付きました？ならば、耐用年数と借入れ年数を同じにすればいいんじゃないか、と。

そうなんですよ、それが借入れでする設備投資の理想です。銀行融資の基本でも、設備投資の返済原資は減価償却費、と謳ってあります。

設備投資

でもそのとおり銀行が貸してくれないんだよねー。だって税務署が決める耐用年数はめちゃくちゃ長い！現実にはそんな長く使えねーぞ、ってこと。しかも流行も関係あるしね。

そこでポイントになるのは、自己資金。全額借金で設備投資すると、よほど大当たりでもしないかぎり返済は無理。まして借入れが短くなればなるほど。でも自己資金が何割か入れられれば話は別でしょ。

だからといって、全額自己資金で設備投資するのはやめましょうよ。長く使うことになるわけだし、もし予想より悪かったときは結局お金借りるようになってしまいます。

3章のW工務店のことを思い出してください。あの会社の資金繰りが悪くなった原因も、設備投資を自己資金でやってしまったから。

自己資金というのはあくまでも自力で儲けて貯めたお金のみのことを言います。これ、もしサラリーマン個人だったら、絶対間違わない感覚ですよね。預金通帳にあるのは自分が貯めたお金なんですから。

会社経営してると、間違っちゃうのが多いんだよなー。会社の預金があるからといって、全部それ儲かったお金じゃないのにね。

設備投資は自己資金と借金で

「買ったほうがいいっすかねー。いま買っておいたほうがいいっすかねー」

なにを？聞くまでもないか。けど聞く、なにを買っておいたほうがいいかですって？

「マンションっすよ！それとも土地のほうがいいんでしたっけ？」

今も昔もよく聞かれるのがこれ、**不動産の話。**買ったほうがいいのか賃貸のほうがいいのか。はたまた、投資として買っておいたほうがいいのか…。

お金が有り余ってるのなら話はカンタンだ。その不動産の今の相場と今後の発展性を考えればいい。もちろんそれだけでも十分に大変なのだが。

それに輪をかけて、借金してまで…って話だからやっかい極まりない。

まず事業として不動産を購入する場合の基本中の基本。**土地は経費にならない。**この一点につきます。

建物や機械等はまだいい。税務署の耐用年数が長かろうが減価償却できるだけまだマシ。土地は価格が下がることは十二分にありえますが、減価償却はできません。経費で落ちるのはせいぜい固定資産税くらい。

よって、**土地を借金してまで買って**事業に使うとなると、いったいどれほど儲けて税金払わなければならないか、電卓たたかなくてもかなりの数字になるでしょうね。

ちなみにマンションなどの共有建物の場合でも、土地相当分（敷地権）というのがありますので購入の際にはご注意を。

個人的に、財テク（昔流行った言葉だなー）としてやる場合も、原理は同じ。誰かに賃貸してその賃料を返済に…はい、減価償却費は建物分のみですのでよくよく計算してください。まして、大型賃貸不動産でオール借金の場合、もし「空き」がでたらどうしますか?借金は借金。返済はしなければなりませんからね。

くれぐれも、不動産は節税目的を第一にして購入しないように。基本は純粋な投資、それも、短期で売って返すのか?あるいはその配当（賃料）から返し、自己所有にするのが目的なのか、どっちかに絞ったほうが良いと思います。

こういった賃貸不動産で節税目的になりえた（過去形）のは、相続税対策のみでしょうか。借金して賃貸不動産を建てる、定率法で減価償却が早くすすむ、けど借金返済は元利金等の償還でなかなか減らない…つまり財産（建物の評価）より借金が多くなり、全体の純資産を減らす効果がありました。が、現在は建物の減価償却は定額法になったようなので効果が薄くなったかな。

にしても、土地は更地の状態がもっとも高い評価になるから、貸家を建てるだけで若干土地の評価は下がりますのでそういう効果はあるでしょう。

昔は、土地はそのスピードの差こそあれ、必ず値上がりしてきましたからね。借金して買っても、売って返すこともできたし、その値上がり評価を担保にして追加借入れもできましたから。

値上がりを期待しないとなると、理屈の計算どおりの話で終わります。
でもなー、土地は当たると大きいから魅力的だよねー。

やっぱり「不動産」が好き！

しかし、当たれば大きいっていうけどさ、誰しもみなそれをわかってるわけじゃない？ならば、なぜ売るのかね？売る側、買う側、みなそう思ってるわけじゃない？買う人は、もっといける！と思って買うわけでしょ？なら売る人はなぜ売るの？ってことですよ。あるいは、その仲を取り持つ業者の人はなぜ買わないの？たいてい今がお買い得ですよ、ってすすめるよね。プロでしょその業者は。なぜ買わないの？って思いませんか？

ここになにか儲けの秘訣がありそうな、落とし穴がありそうな気がするのは私だけでしょうか。

個人的な事情や必要から不動産を買う分には、その後値下がりしようが上がろうが関係ない。借金して買うのであれば、ただただ返していけるかどうかだけ。自分の収入状態の今後をよくよく考えるだけである。

サラリーマンであれば、いまや年々収入が上がっていくという前提でローンを組むのは無謀ということに、もはや説明はいらないでしょう。経営者、自営業者はあくまでも本業あっての話。

ただし、経営者の場合、個人的借金で不動産を購入した場合、その後の値下がり評価によっては会社にも影響を及ぼすこともあります。

会社で土地などを購入した場合、貸借対照表の固定資産に土地として買った値段で計上されます（もし借金で買ったなら負債も増えます）。

しかし、もしその後評価が値下がりしたら、決算書の評価も下がることになりますので注意が必要です。

貸借対照表の実質評価といって時価でも評価したりもするのです。たとえば一億で買った土地の評価が下がり五〇〇〇万の評価になったとしましょう。その下がった五〇〇〇万を含み損といい、自己資本から差し引いて決算書の評価をするのです。

結果、自己資本がマイナスになったりした場合、表面は黒字決算でも、実質債務超過という烙印を押されます。

誰が押すかって？銀行にきまってるじゃないですか。

これが経営者個人（社長個人）の場合だと関係なさそうですが、中小企業の場合は実同体収支といって、経営者個人の貸借対照表が悪化するようだと会社にも響いてきます。

実際には、評価の前に、個人の借金返済があり、会社の給料を下げたくても下げられないという事態も十二分にありえます。

やっぱり「株」が好き！

ほんと、本業の設備投資でさえなかなか難しいのに、本業以外の投資の失敗でつまずくようじゃ冗談じゃありませんよね。土地は当たれば大きいですが、当然、外れた場合も大きいですよ。

そもそも、その相場とか評価というのがよくわからない。目安のなかで、公示価格だ、路線価だ、固定資産税評価だ、って言われても？でしょ。賃貸物件だとそこに賃料との利回りなんかが入ってくるからなおややこしい。

とはいえ、建物の評価に関しては、そもそも建てた値段さえはっきりしてれば減価償却の考え方もあるし、実際にその傷み具合も目に見えることが多いから、まだ迷いは少ないだろう。建物の場合は、よほど特殊な事情でもないかぎり、理屈上の評価（残存価格）より上回ることはそうないといえる。

でもなー、土地はなー、目に見えるといっても形はないしなー、単純になんで？って思いますでしょ。それでも商業地ならまだ言われればその根拠も納得できようものですが、住宅地となったらもう…。

そういった不動産に次いで、投資といったらそう、あれです、あれ…

「会社で株やって穴開けちゃったんですけど、どうしたらいいでしょう…」

あるんですよ、私のところに、そういう相談も。でも、どう…って聞かれてもなあ…。

「それ、銀行借入で埋めちゃったんですけど…」

あ、そりゃーまずいか。

「最初は会社の自己資金だけでやってたんですけど、やはりそれだけじゃあ…」

やったんだ、信用取引で。

「ええつい…。で、どうしようかと思ったところへ、都市銀行のビジネスローンのセールスがきたんで…」

で、おいくらほど？

「五〇〇〇万ほど…」

おおおお、年商四億円で株で五〇〇〇万穴開けましたか――。イタタタタ。

それで？当然、銀行には資金使途なんて言いませんよね。ビジネスローンは使い道自由だから、どうせ聞かれもしないし。過去の決算書だけの審査だから、期中の試算表の提出も求められなかったでしょうし。

「ええ、だから、いまのところ、株の損のことは知られてないんです。でも今期の決算では…」

通常、株式などへ投資した場合、決算書では固定資産の下のほう、無形固定資産の中の投資有価証券というところに記載されます。そして、その売却損は特別損失の欄に計上することに。

「そうしたら、次の決算終わったら、バレますよね、銀行に。バレたら…融資止まりますよね、そんな赤字出したら…」

で、融資が止まったあとどう対処したらいいかの相談ですか、それとも…

「他の計上の方法はないもんでしょうか…・」

えー…本書の第4章をよくよくお読みください。粉飾…というより架空…いや偽造…になっちゃいますが、その自覚と覚悟はおありでしょうか？

やっぱり「ギャンブル」が好き！

商売人がなんで株なんかやるのかねー。それでなくても本業だけで十分にリスク背負ってやってるはずなのに。

まして投資の中の投資、いや、ギャンブル中のギャンブル、国を挙げての公営賭博場に、借金した金で素人が突っ込んでいくなんて…。

あ、株式投資をなさっている方、ご気分を悪くされました？

だってあれ、株式市場って、そういうところじゃないんですか？未上場株とかいうじゃないですか、あれなんか、その最たるもんでしょ。

よく企業の株の評価、つまり資本の評価でいったら、決算書の評価とかさらに時価評価でしょ。もちろん目に見えない付加価値？っていうんでしたっけ、それもあるでしょうが、目に見えないのは見えないんだから評価のしようもあってないようなもんでしょ。

結局、買いたい人と売りたい人の思惑で値段がつく要素がかなり大じゃないですか。そこにいわば素人が一発大当たりを狙って大金を、会社の金を、しかも借金して突っ込んでいくんですから、そりゃもうギャンブル以下の行為でしょう。

誤解しないでください。個人的には、私、そういうタイプの経営者の方、大好きです。でもほら、資金繰りのコンサルとしたら、それおすすめするわけにはいかないでしょう。

だめですよ、まがりなりにも経営者なんですから。ご自身でそれ相当以上のリスクを負ってるじゃないですか、本業だけでも。まあ、もともとそういう勝負事がお好きな方は多いですが、それなら個人的にやりましょうよ。ましてや、ですよ。本業がうまくいってないから他で一発逆転？しかも素人の分野で？カモですよカモ。

個人的に長期で、それこそ短期の値上がり期待じゃなく、株式投資をするならそりゃいいでしょうけど。

節税で株の売買

儲かってる会社で、節税目的であえて損を承知で株式投資をする？

ああー、どうだろう、いいかもしれないっすね、そういう考え方も。で、どうせなら、それを個人で買いに入ったら面白いかもしれないっすよね。

会社の金で無茶な勝負に出て、こりゃだめだと売りにだし、別の証券会社から個人名で買いを入れる…その後もし反騰したら面白いことになるかもしれませんね。

会社としては合法的な節税になって、ひょっとしたら個人的には一獲千金のチャンスになったりして…。

あ、まあ、それこそ実同体収支でみれば同じになるんですけどね。とはいえね、お付き合いで株を買わなきゃいけないこともありますから会社経営というのは辛いところ。

お付き合いって？銀行ですよ、銀行。会社で借金までしてるのに、銀行本体の株まで買えってか！

あるんですよ、そういうことも。

断ったら？そりゃー、印象が悪いんじゃないですか、借りてる身としては。かといって売ったらそれもまずいでしょうし。決算書の内訳書にも投資株式の明細を書く欄がありますからね。

それでも、まだ上場株式ならまだいいですよ、これが非公開株式となったら…

危険！でも、断れない非公開株！

非公開株式、いいですか、未公開とは違いますよ。未公開というのは、いずれ株式上場するのを前提にしている会社の株式のこと。

非公開というのは、つまり、あなたの株式会社も非公開でしょ?そういうことです。俗に言う、出資ってヤツですよ。出資しませんか、って、ほら、詐欺小説やドラマによく出てくるじゃないですか。

これがねー、いっそ上場でも狙ってくれてるのなら、それこそ当たればでかい!ってことになるんですがねー。仕事上の取引で、その上下関係をカサにきた出資話だと断るに断れませんよね。断るときには仕事はこなくなると思わなきゃいけません。

当然、出資に応じる場合、新規会社なら評価のしようもありませんが、すでに継続している会社なら、その評価は決算書が手に入らなければどうにもなりません。会社として応じる際の会計処理は、上場株式と同じ投資有価証券です。

ま、その取引関係の度合いに応じて考えるしかすべはありません。でも出資ならまだいいです。実際はともかく、商法上は立派な株主ですから、その会社への議決権もありますし、決算書を見せろという権利だってあります。

これが少人数私募債とかなったら、そういった権利さえありませんからね。おまけに借金でもないので、社長個人の連帯保証をつけさせることもできない。これだって仕事上の関係では断るに断れないでしょう?

ある相談で、取引先から引き受けの依頼をされ、ご丁寧にその顧問税理士さんからも説明を受け、それならと応じたとたん、**三ヵ月後に倒産！**なんて事例もありましたから。

加盟金って、なに？

出資と似たようなモノで、加盟金というのもありますね。俗に、業務提携の際に相手先に支払ったりする。なんていうんでしょうね、賃貸のときの、敷金や保証金とも違うし…取引の証拠金みたいなもんですかね。

要は、相手から商売の権利や使用許可をもらうときに払ったりするもので、たいていは期限があって、いずれ返金されるものだったりするんですが…どうでしょうね…戻ってくればいいんですけどね。

フランチャイズなどでも、この加盟金というのは必ずといっていいツキモノですよね。会計上は、いっさい経費では落ちません。当然ですよね、返金されるのが前提ですから。**ある意味、一番タチが良くないかもしれません。**

設備投資なら減価償却もありえます。賃貸ならば、前家賃という意味合いもあるし、退去時の現状復帰費用という意味合いもあります。

株や出資は、明らかに一か八かの投資だし、取引上はやむをえないかな。

でもなー、この加盟金ってやつはなー…ひらたくいえば、金儲けのやり方を教えてもらう手付金みたいなもんでしょ。その後はロイヤリティという継続カンバン使用料？が必ずついてくるし…。

これもある種の投資でしょうが、他の投資と違って、金を出す側が出した以上に儲かる可能性はけっこう低いかもしれませんよ。よけいなお世話ですけど。

だってさ、本当に儲かるなら、儲かってるなら、そのやり方、金もらっても教えませんでしょ？皆さんどうですか？

だってさ、買って儲かるんじゃなくて、売って儲かるのが投資じゃないですか！

遊休資産って、なに？

さあ投資の本章の最後を飾るのは遊休資産です！いいでしょう、この言葉の響き、遊んで休んでる資産、すばらしいネーミングじゃないですか。

おっと、この遊休資産は正式な勘定科目ではありませんよ、貸借対照表のどこにもそんな名前はありません、俗称です。

えー、つまり、本業である事業とは一切関係ない、あるいは昔はあったかもしれないけど使い物になってない資産で価値が高かったままの土地や、、まだ償却が終わってないうちに使い物にならなくなったもの、さらには最初から本業・事業とは無関係なものを総じて遊休資産といいます。

個別には、固定資産や無形固定資産のなかに散らばってます。

なんといってもそれらの代表例は、ゴルフ会員権やリゾートホテル、別荘、絵画や馬？（競走馬もＯＫ？）ｅｔｃ…。

考えられないでしょ？営利を追求するのが株式会社ですよね？それがいいんですよ、こういうのにお金使っても。場合によったらその維持費などは経費で落ちちゃったりするから不思議です。

ゴルフ会員権なんて社長の趣味じゃないの？って思いますでしょ？誰だってそう思いますよね。いえいえ、仕事を受注するためには嫌々ゴルフをしなければならないかもしれないじゃないですか。

その仕事関係からしたら、買わなきゃいけないことだってあったりするわけですよ、ほんとに。

銀行がローンをつけてセールスだってしてたころもあったんですから。会社がだめなら社長個人的にどうですか、とかね。

税務署も認めますよ。もちろん規定は細々とありますけど。保険の場合もそうですけど、けっこう、こう…え？って思いたくなるようなのって、意外に認められてたりするんです。

ま、税金は政治そのものですから。こういうの認めないと世の中の景気が悪くなりますからね。で、都合が悪くなると、税制を変える…かつては土地取引の税制もそうだし、保険関係なんかしょっちゅう改正してますでしょ。

そもそもが本業とは関係のない資産の話ですから、最初から投資効果もへったくれもありません。ましてや、それを借金でしようなんていうのは論外ですよ！

だってですよ、おかしいでしょ。もともと、いわば贅沢品なわけじゃないですか、ここの分類に入ってくるようなもの（資産）っていうのは。投資というくくりではあっても、そのリターンの可能性はかなり低い。

にもかかわらず借金で買おうというのは間違い以外のなんでもないでしょう。ましてや銀行（もしくはノンバンク）と販売業者がセットになってセールスしてくるなんてもってのほかだろうに！あげくは遊休資産で評価割れしてますから本業の融資も応じられません！なんて言われたりするんですから。

ほんと、まだベンツを借金で乗ってるほうがよっぽどマシですよね。

でもなー、けっこう、こういう投資って、経営者のモチベーションが一番上がったりするんだよねー（私もやってます）。

ほんと、会社経営って、素晴らしいですよね！

おわりに

正直に言いましょう。

私も、つい数年前までは、中小企業の会計とか決算のことがよくわかりませんでした。

え？著書の最後に書いてある経歴はウソかって？

いえいえ、元銀行員だし、税理士事務所にも勤めていました。

銀行は決算書を見て融資をする仕事だし、税理士事務所はいうまでもなく決算書を作っている仕事ですよ。

ですから、そりゃ勉強はよくしましたよ、させられましたし、しなきゃ仕事になりませんからね。

でもね、じゃあ、わかってたか、というと、どちらの仕事をしているときも、なんか歯がゆいというか、すっきりしないところがあったんですよねー。

銀行の立場で見るとですよ、生のお金の動きを見てるじゃないですか。試算表とか決算書の前に、これだけ預金残高があるとかないとか、生の現実が目の前にあるわけですよ。

なんで会社はこんなに赤字なのに社長個人はこんなに金持ってんの?給料だってこれしか取ってないのに?とかね。

逆に、決算書じゃ教科書のお手本のように売上も利益も上がってるのに金がないの?とかね。

税理士事務所のときは、とにもかくにも税法にあってるかどうかがすべて。

お客さんから税金を払いたくない!って言われたら、いかにして節税になるような経理処理はないか?を調べる。

税務調査に通るか通らないかがすべてといってもいいでしょう。

へ?退職金規定を作って、社長の退職金は目一杯高額にして、それで何億もの生命保険に入って年払いしたらそれで経費で落としていいの?

そんなのミエミエの税金逃れじゃゃん!そんなんでいいわけ?

なんで四ドアの高級外車や国産車は社用車として認められるのに、二ドアのスポーツタイプだと社長の趣味として否認されちゃうわけ？

なんで？なんで？なんで？

でもですよ、銀行員には銀行員としての限界があったし、税理士事務所には税理士事務所としての制限があったわけですよ。

なんで？なんでもかんでも、通りゃそれでいいのよ、みたいなね。

この本は、かつて私が経験したそういった経理や会計としてわりと初歩的かもしれないけどすごく単純な「なんで？」をベースにして書きました。

大企業向けの会計の本はたくさんありますけど、中小企業向けの実際の現実の本って、あまりないような気がするんですよね。

あ、ここまで書いてたら、大阪の相談者のN社長から電話です。

「ああ、コザカイさん、ベンツ売ろうと思うですけど、よろしおますか？」

はあー…で、買取りはおいくらで？

「五〇〇万でとるいうとるんですわ」

えーっと、減価償却の明細の車輌運搬具で確かめると、一二六〇万で買ってますけどちょうど六年たって残価は六三万ですね。

って、そんなのを五〇〇万で買い取ってくれるの？！

「ああ、ウチの距離もよう走っとらんけど、ベンツでもブラバスいうやつでんねん」

ああ、ベンツでもアーマゲーとか特殊なタイプですね。さっすがベンツ！

売っちゃってくださ-い、ぜんぶ固定資産売却益で計上できます。

あれ？ところで社長、このベンツの下に載ってる、三年前のソアラ六〇〇万って…。

「あ、ソアラ？それ女房の車です」

さーて、これって、通るのかー？

ほんと、中小企業の会計って、楽しいですよね！

〈プロフィール〉
小堺桂悦郎（こざかい・けいえつろう）
バブル景気といわれた1980年代後半から金融機関の融資係として過ごし、その後、税理士事務所に転職。金融機関での経験から、税理士事務所在職中のほとんどを顧問先の銀行対策を含めた資金繰り重視のコンサルティング業務に専任する。2001年末に独立し、2002年4月(有)小堺コンサルティング事務所を設立し、現在にいたる。

著書に『元銀行融資担当が教える資金繰り　借りる技術　返す技術』、『借金バンザイ！～「自転車操業」の極意～』、『粉飾バンザイ！～「決算」&「会計」の裏ワザ！～』『税金バンザイ！～「税金」&「税務調査」の裏ワザ！～』（いずれもフォレスト出版）、『土壇場の資金繰り術』（イーストプレス）、『借金の王道』（ダイヤモンド社）がある。

個別の顧問コンサルティングのほか、電話などによる遠距離相談も行っている。
北は北海道から南は九州・沖縄まで、全国からの資金繰り相談が殺到。
電話、ファックス・Eメールなどを駆使し、遠距離にもかかわらず、その効果をいかんなく発揮。

また、常に面談希望者が絶えず、まさに「行列のできる資金繰り相談所」となっている。

『借金バンザイ！』『粉飾バンザイ』『税金バンザイ！』のバンザイシリーズは「面白くて、使える」と評判で、いずれも10万部を超えるベストセラーに。

【ホームページ】http://www.kozakai-keietsurou.com

なぜ、社長のベンツは4ドアなのか？

2006年6月9日　初版発行
2006年9月3日　22刷発行

著　者　小堺桂悦郎
発行者　太田宏
発行所　フォレスト出版株式会社
〒162-0824 東京都新宿区揚場町2－18　白宝ビル5F
電話　03-5229-5750
振替　00110-1-583004
URL　http://www.forestpub.co.jp

印刷・製本　日経印刷（株）

ISBN4-89451-226-2　Printed in Japan